Topos plus **Taschenbücher**
Band 327

Lothar Zenetti

Auf Seiner Spur

Texte gläubiger Zuversicht

Topos plus Taschenbücher

Topos plus **Verlagsgemeinschaft**

Die Mitglieder der Verlagsgruppe Engagement:
Butzon & Bercker -Kevelaer | Don Bosco -München | Echter -Würzburg
Lahn-Verlag -Limburg Kevelaer | Matthias-Grünewald-Verlag -Mainz
Paulusverlag -Freiburg Schweiz | Friedrich Pustet -Regensburg
Styria -Graz Wien Köln | Tyrolia -Innsbruck Wien

3. Auflage 2002

Einband- und Reihengestaltung:
home.made designarbeit -Essen
Satz/DTP: Manfred Werkmeister, Mainz
Druck und Bindung: Pustet, Regensburg
Printed in Germany

Topos plus – Bestellnummer: 3-7867-8327-6

Vorwort

> Täglich folgen wir der Spur, halten Schritt mühsam
> mit dem, der vorangeht …

Jeder, der zu Jesus Christus und seiner Gemeinde gehören will, kennt seit Kindertagen den Ruf im Evangelium: „Folge mir nach!"
Irgendwann im Laufe unseres Lebens mögen wir dieses Wort deutlicher als persönlichen Anruf an uns verstanden und bewusst unser Ja dazu gesagt haben: „Ja, Du bist der Weg für mich. Ich will Dir folgen. Ich will mit Dir gehen auf Deiner Spur! – Aber lass mich auch spüren, dass Du mir nahe bist!" – „Spur" und „spüren"?

> Du hast gerufen ohne Worte: Komm!
> Seitdem geh ich den Weg.
> Ich seh dich nicht, nur
> hin und wieder, selten, Deine Spur
> und fühl mich manchmal sehr allein.
> Du bist so weit voraus, verlier
> mich bitte nicht aus Deinen Augen!

So habe ich es einmal geschrieben vor Jahren. Ein sehr persönliches Gebet. Und ähnlich sind viele andere Texte entstanden auf meinem Lebens- und Glaubensweg: Liedtexte sind darunter, nicht wenige schon vertont, dazu Gebete und Gedichte für den Gottesdienst, die Schule, für die persönliche Besinnung. Auch Einfälle und Glossen finden sich dabei, Nachdenkliches, Kritisches, Ironisches, Ernstes wie Heiteres. Manches war sicher allzu zeitbezogen. Anderes mag wert sein, bewahrt

und erneut präsentiert zu werden. So danke ich dem Matthias-Grünewald-Verlag. Ein besonderer Dank gilt Frau Anneliese Hück, die für die Reihe „topos plus“ eine gute Auswahl zusammengestellt hat.
Darin begegnen uns nun Auszüge aus dreien meiner Bücher, die inzwischen vergriffen sind: „Texte der Zuversicht“, „Sieben Farben hat das Licht“ und „Wir sind noch zu retten“.
Es sind, so meine ich, alles in allem Texte der Ermutigung. Angesichts der verbreiteten Resignation unter Christen heute scheint mir das nicht wenig zu sein: Worte, die Mut machen. Ob dies heute noch möglich ist? Alles Reden scheint abgenutzt. Wörter unterliegen immer rascherem Verschleiß. Auch die kirchliche Verkündigung und Liturgie ist wohl nicht ausgenommen davon. Was gesagt wird, mag ja schon richtig und korrekt sein. Aber drückt es noch aus, was wir fühlen? Lässt es aufhorchen, zündet es noch? Weckt es Glauben und Freude am Glauben?
Ich weiß, auch die Texte in diesem Buch lassen kein neues pfingstliches Sprachenwunder erkennen. Aber sie setzen darauf, dass Worte auch heute noch bewegen können. Solche Zuversicht gründet wohl im Vertrauen auf den, der selber „das Wort“ genannt wird.
Auf Seiner Spur, im Kraftfeld Seines Wortes, wie es in der Kirche bezeugt und geglaubt wird, hoffe und bitte ich, dass mein Schreiben, Reden und Singen gesegnet sei.

Lothar Zenetti

Sieben Farben hat das Licht

Feiern die Wörter

Das Wort Hoffnung und das Wort Vertrauen
das Wort Dankbarkeit und das Wort Treue
Freiheit nenne ich und das Wort Mut
auch Gerechtigkeit und das große Wort Frieden
und was wir Glück nennen Glückseligkeit
die unbegreifliche Gnade und das leise Wort Geduld
und das Wort Erbarmen ja davon lebe ich

Das Wort Mutter und das Wort Brot
Kind sage ich mein Vater mein Freund
und Freundlichkeit und Geborgensein
Meer sage ich und Baum und Himmel
Wolke und siebenarmiger Leuchter
Traum sage ich und Nacht meine Schwester
ich nenne die Liebe und das zärtliche Wort Du

Feiern will ich die Wörter
von denen wir leben

Winterpsalm

Es ist jetzt nicht die Zeit,
um zu ernten.
Es ist auch nicht die Zeit,
um zu säen.

An uns ist es,
in winterlicher Zeit uns
eng um das Feuer zu scharen
und den gefrorenen Acker
in Treue geduldig zu hüten.

Andere vor uns haben gesät.
Andere nach uns werden ernten.

An uns ist es,
in Kälte und Dunkelheit
beieinander zu bleiben und,
während es schneit, unentwegt
wachzuhalten die Hoffnung.

Das ist es.
Das ist uns aufgegeben
in winterlicher Zeit.

Tag mit Schnee im Januar

Ich lasse
die Arbeit an dem termingebundenen Beitrag für
die renommierte liturgische Zeitschrift über
den Festcharakter der österlichen Liturgie …

die Eingabe an das Dezernat Bau des Bischöflichen
Ordinariates zur Genehmigung des Kirchenvor-
standsbeschlusses über Verwendung eloxierter
Fensterrahmen aus Aluminium, deren Kosten nicht
im Rahmen bleiben …

das Studium der entschiedenen Stellungnahme des
Diözesansynodalrates zur ersten Lesung des Syno-
denpapiers, das den Begriff der Ämter der Kirche
so wenig überzeugend von dem der kirchlichen
Ämter abhebt …

Ich schaue lieber aus
nach den leisen Schneeflocken
die draußen niedergehn
und lerne, wie man sanft
und ohne Worte sich verschenkt.
Morgen werde ich dem
lieben Gott einen Schneemann
bauen als mein Magnifikat
an diesem Tag.

Sommerliche Meditation

Sein wie die Erde, ein Boden,
nahrhaft und dunkel genug,
dass ein Baum daraus wachse …

Oder ein Baum sein, der
aufrecht und voller Kraft
seine Zweige breitet und Blätter …

Vielleicht nur ein Zweig,
demütig genug, das bitte ich,
um das Lied eines Vogels zu tragen …

Ein kleines Lied, das dich lobt
früh, wenn es tagt,
und am Abend, ehe es dunkelt …

Einladung im Sommer

Eine weiße Leinwand hab ich
gekauft, auch Pinsel und
alle Farben dazu, die es gibt.

Nun male ich einen tiefblauen
südlichen Sommerhimmel
und darunter
einen grasgrünen Garten
mit bunten Singvögeln und Blumen
und mitten darin, siehst du,
ein weißes Haus mit rotem Dach.

Es führt ein kleiner Weg dahin
unter den Bäumen entlang in das Haus.
Die Türe lasse ich offen.
Wenn du willst, kannst du
kommen, mein Liebes, und
mit mir darin leben.

Morgens malen wir dann
ein Schiff für das Meer
und lassen am Abend silbern
für uns den Mond aufgehn.

Poesie

Es reimt sich die Liebe
gewöhnlich auf Triebe
in einem Gedicht.
Warum denkt man nicht

zum Beispiel an Diebe
und reimt auch mal Hiebe
auf Liebe, l'amour?
Ich frage ja nur.

Das soll es wohl geben
im wirklichen Leben,
so hart es auch klingt:
dass Liebe misslingt.

Doch wenn's einer schriebe
und reimte die Liebe
auf Diebe und Hiebe –
ich weiß nicht, ich bliebe
wohl eher bei Triebe,
der Liebe zuliebe

in meinem Gedicht.
Und klingt es auch schlicht
und nicht sehr gewandt:
galant ist galant.

Das Siebenerlied

Sieben Flammen leuchten hell
Licht auf sieben Armen
also feiert Israel
Gott und sein Erbarmen

Sieben Farben hat das Licht
will die Nacht vertreiben
sieh es an und fürcht dich nicht
soll nicht finster bleiben

Sieben Feuer ruft der Geist
über uns zusammen
kommt der Tag den er verheißt
stehen wir in Flammen

Aufbruch

Es wird kommen der Tag,
da verlasse ich, zaghaft
zuerst, dann beherzt
meine einsame Insel.

Wage mich endlich hervor
aus dem bewährten Versteck
und der sicheren Deckung,
fast ohne Angst und ohne
noch einmal mich umzusehn.

Meine Rüstung tue ich
ab und alle die Waffen,
das Wenn und das Aber
und steige ins Boot.

Wehrlos werde ich sein
und verwundbar, ich weiß,
auf dem offenen Meer
und einzig beschützt
von der Liebe.

möchte
manchmal fliegen
eine Feder sein

möchte
manchmal dauern
liegen wie ein Stein

und so
baue ich mein Haus
Stein um Stein

und so
tauche ich in Träume
meine Feder ein

Man müsste was ändern

Die Empörung Gottes

Die Empörung Gottes
geht in Lumpen einher
hat nur Fetzen an sich
sie geht barfuß und bloß
   Und sie sieht, was wir Christen tragen
   und sie fragt, was wir Christen tun
   und sie hört, dass wir Mitleid haben
   – vielleicht ist das nicht genug

Die Empörung Gottes
geht in Elend einher
schreit nach Brot und Arbeit
und sie bettelt am Weg
   Und sie sieht, was wir Christen haben
   und sie fragt, was wir Christen tun
   und sie hört, dass wir manchmal spenden
   – vielleicht ist das nicht genug

Die Empörung Gottes
geht in Ketten einher
unterm Joch der Herren
sucht sie Freiheit und Recht
   Und sie sieht, wie wir Christen leben
   und sie fragt, was wir Christen tun
   und sie hört, dass wir dafür beten
   – vielleicht ist das nicht genug

Die Empörung Gottes
geht an uns nicht vorbei
aus Millionen Augen
sieht sie uns heute an
    Und sie will, dass wir uns empören
    und sie fragt, ob wir Christen sind
    denn es gilt: Selig seid ihr Armen
    nicht den Satten gehört mein Reich!

Die Empörung Gottes
geht mit uns ins Gericht
und die Erde zittert
Herr, verdamme uns nicht!

Umkehr I

Ich weiß nicht was ich beichten soll
Ich habe mir nichts vorzuwerfen
Ich halte mich immer an meine Grundsätze
Ich belüge niemand betrüge niemand
Ich bin höchstens mal ungeduldig
Ich habe vielleicht auch schon mal ein Gebet vergessen
Ich hätte vielleicht manchmal mehr Verständnis für
meine Frau haben können
Ich habe mich nicht immer viel um sie gekümmert
Ich habe mich recht wenig um sie gekümmert
Ich habe nur an mich gedacht
Ich kenne eigentlich nur mich
Ich erkenne das
Ich bekenne

Umkehr II

Man hat doch nichts verbrochen
Man ist ja auch nur ein Mensch
Man lügt vielleicht schon mal
Man muss sehen wo man bleibt
Man muss ja Rücksicht nehmen
Man kann nicht wie man will
Man kann nicht aus seiner Haut
Man kann nicht alles wissen
Man schlägt sich so durch
Man kann nichts dafür

Ich

Das Gewissen

Ein gutes Gewissen ist
ein sanftes Ruhekissen
man bettet sich gut
und wie man sich bettet
so liegt man das ist
die erste Bürgerpflicht
Ruhe und wer schläft
der sündigt nicht
der erste Schlaf ist
immer der beste
schlafen wir also weiter
den Schlaf des Gerechten
dem Glücklichen schlägt
keine Stunde den Seinen
gibts der Herr im Schlaf
der beste Schlaf ist
der vor zwölf
ein gutes Gewissen
sagt Albert Schweitzer
ist eine Erfindung
des Teufels

Gewissenserforschung

I

Ich habe den Finger auf die Wunde gelegt
Ich habe den Finger nicht auf die Wunde gelegt

Ich habe andere mit Worten abgespeist
Ich habe andere nicht mit Worten gespeist

Ich war nicht traurig unter den Traurigen
Ich war nicht fröhlich unter den Fröhlichen

II

Ich habe nicht das Richtige getan
Ich habe das Richtige nicht getan

Ich habe nicht das Äußerste getan
Ich habe nicht das Innerste getan

Ich habe nicht getan, was ich tun konnte
Ich habe getan, was ich nicht tun konnte

III

Ich bin zu weit gegangen
Ich bin nicht weit genug gegangen

Ich bin nicht in mich gegangen
Ich bin nicht in alle Welt gegangen

Ich habe den Lebenden unter den Toten gesucht
Ich habe keine Berge versetzt

Miserere

Jesus, du kommst, die Sünder zu retten.
Findest du welche? Ich möchte wetten,
du findest keine, so ist das heute.
Es gibt einfach niemand, der etwas bereute
und sich als Sünder betrachten wollte,
der Rettung bedürftig, der Gnade. Sollte
jedoch unter all diesen braven und netten
Leuten wirklich ein Sünder sein, retten
lässt sich so ohne weiteres keiner.

Was siehst du mich an, bin ich etwa einer,
ein Sünder? O Herr, erbarme dich meiner!

Selbst wenn wir keine Kirche mehr haben
keinen Turm keine Glocke keine Orgel
keine Kirchensteuer keine Paramente
keine Kerzen keinen Kelch keine Kanzel
kein Buch kein Bild keinen Altar
wir hätten noch immer das Wort und das Brot

Und hätten wir dieses nicht mehr
so wüssten wir doch den einen und einzigen Namen
und könnten bekennen: Jesus ist Herr
und hätten die eine und einzige Hoffnung
die alles aufwiegt
die alles ändert
die alles möglich macht

Vorläufig aber vertrauen wir lieber noch
auf Bild und Buch und Steuer und Turm
und es ändert sich nichts
und wir sagen: unmöglich

Zum Thema Nächstenliebe

1

Schön wär's, wenn einer,
der mir nahe steht,
immer auch schon mein Nächster wäre.
Aber gewöhnlich ist es einer,
der mir zu nahe kommt.

2

Nächstens will ich den
Nächsten schon lieben,
meint mancher entschlossen.
Doch keinesfalls heute.

3

Vielleicht sollte man
nicht schon den Nächsten
oder gar Übernächsten lieben,
sondern erst einmal den,
mit dem man gerade
zu tun hat.

4

Solange kein Nächster in Sicht,
liebt man sich selbst oder nicht?
Und kommt einer, liebt man ihn wie
sich selbst. Doch man hofft: er kommt nie.

5
Nah, näher, am nächsten.
Aber so nah, mein Bester,
nun auch wieder nicht!

6
Ich möcht ja meinen Nächsten gerne lieben
und helfen dem, der unter Räuber fiel.
Doch meine Liebe schenken auch den Dieben
und allen Räubern, das ist mir zu viel!

7
Nächste gibt es, die wollen
gar nicht geliebt sein,
die brauchen nur Geld.
Anderen biete ich Geld,
aber sie wollen geliebt sein.

8
Der Nächste bitte, –
der meine Hilfe braucht,
für den ich verantwortlich bin
und den ich lieben soll. –
Aber schön der Reihe nach,
einer nach dem andern.
Und bitte nicht so drängeln!

In den Kirchenbänken bleibt alles ruhig

Feiertäglich

Wir sitzen
in einer wirklich
überaus schönen Kirche,
wohlgekleidet,
wohlgenährt und von
Wohlbehagen erfüllt.

Von der Kanzel verlautet,
dass Armut
selig macht.

Es war
eine wirklich
schöne Predigt.

Beschwichtigung

Schlafmittel sind jetzt gefragt,
Beruhigungspillen und überhaupt
Schmerzstillendes.
Auch Trostpflästerchen, rosarote
Brillen, etwas fürs Herz und die
Nerven, mit einem Wort:
Aufbauendes.

Mitternacht heißt diese Stunde.
Kanzeltrost also, die mildere Sorte:
Uns rühren kann kein Schade,
darum dass nun und nimmermehr,
dabei will ich verbleiben.

Mithin kein Grund zur Besorgnis.
Kein Anlass, vor all den Problemen der
Welt gleichsam den Kopf in den Sand,
wie man sagt oder ihn gar zu verlieren.
Bleiben wir standhaft, im letzten kann
nichts uns geschehen. So dürfen und
wollen wir unbeirrt wie bisher
unsre Zuflucht nehmen so recht
miteinander, bis alle Stürm vorübergehn.

Ihr seht, liebe Brüderinnen und Brüder,
es ist kein Grund und kein Anlass,
im Gegenteil, wie es nicht besser –
hast du nicht dieses, wie sagt man
so tröstlich, verspüret?

Alles im Fluss

Es findet so mancher wackere Christ,
dass vieles anders geworden ist
in der Kirche Gottes, und er vermisst
den Felsengrund und was er als Christ,
um selig zu werden, glauben muss.

Heute dagegen ist alles im Fluss,
so hört er sagen, sogar in der Predigt.
Was ihm nur bestätigt: das Glaubensgut
ist ins Schwimmen geraten, man könnte
auch sagen: baden gegangen.

Selbst Bischöfe sieht man im Wasser
waten. – Unser Christ sieht's mit Bangen
und fragt: worauf zielt dies Verlangen,
ihr Christen, sagt, wohin wollt ihr gelangen?

Flussaufwärts etwa, zurück zu den Quellen?
Im Gegenteil: auf den je aktuellen
Esoterik- und anderen Modewellen,
voll im Trend also, treibt das jetzt
munter so recht weltoffen den Bach
hinunter. Und so hält man sich, wenn auch
zunehmend blasser, für eine Weile
zumindest noch über Wasser.

Doch wie geht's weiter? Verzeiht die Frage,
und dass ich in Anbetracht unserer Lage
wieder vom Festland zu träumen wage,
wenn es erlaubt ist. Und dass ich sage:

Man sollte, eh sie die Fluten verschlingen,
pastoral gesehen vor allen Dingen
seine Schäflein wieder ins Trockene bringen,
dem guten Hirten sie anvertrauen!
Der will sie weiden auf grünen Auen
und führt sie ans Wasser,
doch nicht in die Fluten. Er hat seine
Gründe, so ist zu vermuten.

Weißer Sonntag

Ein Mahl feiern
oder
einmal feiern?

Weiße Kleidchen
Fahnen vom Kirchturm:
Vor wem
kapitulieren wir
denn heute wieder?

Fronleichnam

I

Was sie nur alle
gegen Fronleichnam haben
also ich sehe das gern
von meinem Balkon aus
und ich habe schon
prima Fotos gemacht

II

An Fronleichnam
ist schulfrei
da kriegen wir keine
Aufgaben auf
da brauchen wir nichts
zu lernen

III

Alle Gläubigen
sind herzlich eingeladen
sich an der Prozession
zu beteiligen
Engel Gottes schwebet
nieder kommt her
ihr Kreaturen all
den Anweisungen
der Ordner ist
Folge zu leisten

Kollekte

Immer wieder
wird gesammelt
in der Kirche:
Geld.

Zuweilen
wünsche ich
zu sammeln:
mich.

Geld ist wichtig
bin ich es auch?

Unterwegs

Christ fuhr gen Himmel
was uns betrifft
wir fahren nach Amorbach

Kirchgang an Himmelfahrt

Zitierend eine mir bislang unbekannte
theologische Kapazität, behauptet
der Mann auf der Kanzel:
Der Himmel ist hier und heute
und nirgends sonst!
Na na, denke ich, und betrachte
die Leute vor mir,
danach sieht es hierzuland
eigentlich nicht aus, das kann man
einem doch nicht antun! –

Als er dann später betet:
Dein Reich komme!, sage ich
innerlich Aha:
Demnach ist also morgen
auch noch ein Tag und es gibt
nach wie vor was zu hoffen.
Auf dem Heimweg pfeife ich
auf die Kapazität.

Pfingsten

Die Autobahnen sind verstopft
Alle fahren heut ins Grüne
Die Kirche dagegen bleibt
bei Rot: Feuer und Blut
Komm heiliger Geist
oder besser: Komm nicht
Mach deine Revolution
lieber wenn es regnet

Pfingstsonntag

Der Pfarrer auf der Kanzel vergleicht
den Pfingstgeist mit Sturm und Feuer

aber keine Angst:

in den Kirchenbänken bleibt alles ruhig
mein Nachbar sieht verstohlen auf seine Uhr

Pfingstlied heute

Die Wunder von damals müssen's nicht sein,
auch nicht die Formen von gestern,
nur lass uns zusammen Gemeinde sein,
eins so wie Brüder und Schwestern,
    ja, gib uns den Geist, deinen guten Geist,
    mach uns zu Brüdern und Schwestern!

Auch Zungen von Feuer müssen's nicht sein,
Sprachen, die jauchzend entstehen,
nur gib uns ein Wort, darin Wahrheit ist,
dass wir, was recht ist, verstehen,
    ja, gib uns den Geist, deiner Wahrheit Geist,
    dass wir einander verstehen!

Ein Brausen vom Himmel muss es nicht sein,
Sturm über Völkern und Ländern,
nur gib uns den Atem, ein kleines Stück
unserer Welt zu verändern,
    ja, gib uns den Geist, deinen Lebensgeist,
    uns und die Erde zu ändern,

Der Rausch der Verzückung muss es nicht sein,
Jubel und Gestikulieren,
nur gib uns ein wenig Begeisterung,
dass wir den Mut nicht verlieren,
    ja, gib uns den Geist, deinen heil'gen Geist,
    dass wir den Mut nicht verlieren!

Pfarrgemeinderat

Von Programmen sprachen wir
und Tagesordnungspunkten
von Aktionen sprachen wir
und von Sofortmaßnahmen
von Modellen sprachen wir
und neuen Perspektiven
von Problemen sprachen wir
und Meinungsäußerungen
von Strukturen sprachen wir
und von Gemeindebildung

Von Jesus Christus
sprachen wir nicht
und seine Meinung
war nicht gefragt
so hing er still am Kreuz
aus Oberammergau

Günstige Preise

Christ sein: Glauben an
den einen Namen Jesus Christus
der für neues Leben steht
und das alte Leben kostet.
Doch haben die christlichen
Kirchen die Preise gesenkt:
Die Kinder zwar mahnt man zu
gewissen Pflichten, doch zur
Kirchenmitgliedschaft ist später
nicht Glaube und Tun und Bekennen
nur mehr Nichtaustreten und
Weiterzahlen der Kirchensteuer
erforderlich. Nichts sonst.
Durchweg sogar nicht einmal das.
Der Pfarrer beerdigt Sie in jedem
Fall sofern Anzeichen von Reue
oder doch Anzeichen von Anzeichen
nicht ganz auszuschließen sind
so wurde uns versichert.

Im Gegenteil

Man kann nicht überseh'n, dass heutzutage
die Kirchen immer leerer werden in der
Stadt. Man fährt ins Grüne sonntags oder schläft
an diesem Tag sich mal so richtig aus.
Und selbst in traditionsbewussten Dörfern
ist es inzwischen nicht viel anders, heißt es,
nur noch die Alten kommen, aber sonst?

Was heißt schon Pflicht, wen kümmert ein Gebot?
Du sollst, du musst – das will doch keiner hören.
Der Christ ist mündig, er kann selbst entscheiden,
da mag der Pfarrer sagen, was er will.
Man kann den Herrgott auch im Freien loben,
das ist ihm lieber als der Weihrauchduft,
den ich ja ohnehin so schlecht vertrage.

Und wenn es stimmt, was man so reden hört,
dass nämlich die, die ständig in die Kirche
rennen, nicht besser sind als wir,
vielleicht sogar die Schlimmsten, – besteht
ja wohl kein Grund zu irgendeiner Panik,
wenn jetzt die Kirchen immer leerer werden,
ganz im Gegenteil!

Kanzel-Notizen

Ihre Predigt gestern, Herr Pfarrer,
hat mich wirklich gefesselt! –
Was Sie nicht sagen, – eigentlich
sollte sie eher befreiend wirken.

– – –

Der Mann auf der Kanzel
sprach vom verlorenen Sohn.
Die verlorenen Väter und Mütter
hörten ihm nachdenklich zu.

– – –

Ich bin der Gute Hirt,
höre ich den Prediger sagen.
Freundchen, denk ich bei mir,
hoffentlich weißt du auch,
dass du zitierst!

– – –

Die lange Predigt wollte den
Leuten allerhand mitgeben.
Ich fürchte jedoch, sie hat sie
statt dessen arg mitgenommen.

– – –

Die Predigt dauert und
dauert. Mich dauert
die Zeit, die sie dauert.
Bedauernd warte ich
dauernd aufs Amen.

Finale

Als erste löste sich eine goldene Zierleiste
oben vom linken Seitenaltar und fiel,
kaum hörbar, auf das blasse, mit Spitzen
besetzte Tuch, darauf Ora pro nobis zu lesen.
Ein kleines rundes Barockengelchen flog
erschrocken davon, und nur wenig später
legte der heilige Aloisius die weiße Lilie
nieder und wandte sich schweigend zum Gehen.
Die Blumen begannen zu welken, es löschten
die Kerzen der Andacht ihr Licht. Besorgt
zog die Madonna ihr Kind an sich und hob
die Augen bekümmert über die leeren Bänke.
Da klappten die vier Evangelisten die Bücher
zu an der Kanzel. Es hat keinen Zweck mehr,
sollte das heißen, wer braucht uns denn noch?
Wir kommen erst wieder, wenn ihr begreift,
was euch fehlt und Verlangen habt nach dem
lebendigen Wort! Und der göttlichen Gnade,
setzte die himmlische Mutter hinzu. Ein Ton
noch kam von der Orgel. Ein Schatten lief hin
über das Jüngste Gericht an der Decke. Es
zuckte noch einmal das Ewige Licht, ehe die
erste Säule zu wanken begann und das Gewölbe
krachend herniederbrach in einer Wolke von
Staub. Davon erwachte das ahnungslose Dorf.

Mit Fragezeichen gepflastert

Schwierigkeit

Ihr wollt
dass es so bleibt wie es ist
darum betet ihr
um Frieden

Wir wollen
dass es nicht so bleibt wie es ist
darum beten wir
um Frieden

Niemals

Niemals die einen
gegen die andern

Niemals die einen
über den andern

Niemals die einen
ohne die andern

Friedensgruß vor der Kommunion

Dem da
dem andern
dem x-beliebigen
dem wildfremden
der mir wurscht ist
der mich nichts angeht
dem man nicht trauen kann
dem man besser aus dem Weg geht
dem man's schon von weitem ansieht
dem da
dem Spinner
dem Blödmann
dem Besserwisser
dem Speichellecker
der nicht so tun soll
dem's noch Leid tun wird
der mir's noch büßen soll
der noch was erleben kann
der sich nicht unterstehen soll
dem ich's schon noch zeigen werde
dem da
wünsche ich Frieden

Fragen

Wenn ich euch so zuhöre und betrachte mir
die Programme eurer Gemeinden, ihr Christen,
dann kommen mir Fragen, verzeiht:

Sind die Hungernden nicht mehr hungrig,
die Dürstenden nicht mehr durstig,
die Bedürftigen nicht mehr bedürftig?

Können die Blinden nun sehen,
die Stummen nun reden,
die Lahmen nun gehn?

Haben die Fragenden Antwort,
die Zweifelnden Gewissheit,
die Suchenden ihr Ziel gefunden?

Sind die Armen im Geiste schon selig,
die Trauernden schon getröstet,
besitzen die Sanften schon das Land?

Wenn ich euch so zuhöre und betrachte mir
die Programme eurer Gemeinden, ihr Christen,
dann kommen mir Fragen, verzeiht!

Beobachtung

In meinem Glaubensgärtchen
hinterm Haus, zwischen den
geheimnisvollen Rosen,
gedeiht neuerdings
und prächtig, wie man sieht,
dubium simplex,
der ganz gewöhnliche
Zweifel.

Gewissensfrage

Bist du ein Christ?
Wenn ja –
warum nicht?

Geheimnis des Glaubens

Deinen Tod, o Herr, verkünden wir,
und deine Auferstehung preisen wir,
bis du kommst … So heißt es wohl,
und manchmal denk ich mir:
das Wort ‚Geheimnis' steht mit Absicht hier.
Und ‚preisen' heißt es, nicht enthüllen,
nicht mit Gerede jede Stille füllen.

Doch was gesagt ist, das erläutern wir,
und was gemeint ist, das erklären wir,
und was wir feiern, kommentieren wir,
und wenn's gewünscht wird, diskutieren wir.

Ich hoffe nur, man betet nie zu dir:
Deinen Tod, o Herr, begründen wir,
und deine Auferstehung, die beweisen wir.

Ach, wenn du kommst in Herrlichkeit,
erbarm dich deiner Christenheit,
vor allem: unsrer Gründlichkeit!

Firm-Kurs

Ein Junge fragt nach dem Heiligen Geist,
er kann sich darunter nichts vorstellen.
  Das ist, hört er darauf, also du weißt
  doch, wir haben vor kurzem eine Collage
  gemacht zum Thema, dass es in unserer
  Welt und überhaupt doch viel Gutes gibt,
  Helfen zum Beispiel, Freundschaft und
  so, da ist doch etwas erfahrbar davon,
  möcht ich mal sagen …
Schon, aber wer ist der Heilige Geist?
  Ganz einfach, also zum Beispiel die
  Friedenstaube, das ist so ein Bild.
  Auch mit Begeisterung hat es zu tun.
  Oder nimm eine Fußballmannschaft,
  da sagt man doch auch: da ist ein
  guter Geist, wenn sie elf Freunde
  sind. Bei Jesus waren es zwölf. Oder
  auch dreizehn, ihn mitgerechnet …
Doch was genau ist der Heilige Geist?
  Hast du's noch nicht verstanden?
  Also mal andersherum: Es gibt doch,
  das wissen wir alle vom Fernsehn,
  etwas wie Ungeist. Länder, wo echt noch
  gefoltert wird und Leute verhungern …
Okay, okay, sagt der Junge, aber was oder
wer ist der Heilige Geist?
  Ich find's echt gut, dass du fragst.
  Also pass auf, darüber reden wir dann
  ein andermal ganz ausführlich …

Wir heute

Es ist sicher,
dass wir schneller fahren
höher fliegen und weiter sehen können
als Menschen früherer Zeiten.

Es ist sicher,
dass wir mehr abrufbares Wissen
zur Verfügung haben
als jemals Menschen vor uns.

Es ist sicher,
dass Gott sein Wort noch niemals
zu einer besser genährten gekleideten
und bessergestellten Gemeinde sprach.

Nicht sicher ist,
wie wir bestehen werden vor seinem Blick.
Vielleicht haben wir
mehr Barmherzigkeit nötig
als alle, die vor uns waren.

Denkt nach, Freunde

Inkonsequent

Frag hundert Katholiken
was das wichtigste ist
in der Kirche.
    Sie werden antworten:
    Die Messe.

Frag hundert Katholiken
was das wichtigste ist
in der Messe.
    Sie werden antworten:
    Die Wandlung.

Sag hundert Katholiken
dass das wichtigste in
der Kirche die Wandlung ist.
    Sie werden empört sein:
    Nein, alles soll bleiben
    wie es ist!

Exodus

Ich lese beeindruckt
in einem gefalteten Prospekt
wie viel Anstalten
die Kirche unterhält.

Ob sie nicht besser
Anstalten macht jetzt
zu packen das Nötigste
vor dem Aufbruch in die Wüste
dem Exodus (nein, nicht Exitus!)
für vierzig Jahre
und vielleicht mehr?

Aber vielleicht warten wir
noch etwas, ob sich
auf das Inserat im Kirchenblatt:
Moses gesucht!
nicht doch jemand meldet.

Herzklopfen

Im Vogelhaus des
Zoologischen Gartens sah ich
fasziniert,
wie aus einem Hühnerei
unter wärmendem Licht
ein Küken ausschlüpft.
Von innen klopft es
mit seinem Schnabel
an die weiße Schale
und will ans Licht.

Daran musste ich denken,
als ich predigen hörte,
der Heilige Geist, der
weiße Vogel,
wohne in mir und
wolle kommen
in die Welt.

Mein Herzklopfen
vor einer mir zugemuteten
neuen Aufgabe –
muss ich das deuten
als das drängende Klopfen
eines unsichtbaren Schnabels
in mir?

Missverständnis

Die Jünger Jesu sollen sein
das steht geschrieben:

die Hefe im Teig
das Licht in der Welt
die Stadt auf dem Berge

Aber nicht:

die Axt im Walde
das Haar in der Suppe
die Made im Speck

Schwierig

Zuerst das Reich Gottes
sagt mein Heiland

Zuerst das Geschäft
sagt mein Onkel

Zuerst die Familie
sagt meine Tante

In der Kirche sehn viele heut
nur Niedergang, und man sagt,
da ist Auflösung von Werten –
doch wenn wir Salz
für die Erde sind
und Salz sich auflöst
und alles würzt –
darf man's bewahren?

In der Kirche sehn viele heut
nur Niedergang, und man sagt,
da kommt alles jetzt ins Schwimmen –
doch wenn man die Kirche
als Schiff versteht,
ein Schiff liegt nicht nur
im Hafen fest –
lasst es doch schwimmen!

In der Kirche sehn viele heut
nur Niedergang, und man sagt,
da geht alles in die Binsen –
doch wenn in den Binsen
die Wahrheit ist,
die Binsenwahrheit
zu finden ist –
muss man nicht hingehn?

Nach-Fragen

Zuweilen, beim Lesen der
Bibel, schaue ich auf und
hänge so meinen Gedanken nach. –

Zum Beispiel wüsste ich gern,
wie das weiterging damals
mit diesem Brautpaar aus Kana.
Man sollte vermuten, sie seien,
nachdem so ein Wunder geschehen,
ausnehmend glücklich geworden.
Weiß man da Näheres? Lebten sie
später noch immer aus dieser
unerschöpflichen Quelle der Liebe?

Oder die Frau, die die Ehe gebrochen,
was wurde aus ihr? Kehrte sie,
eben der tödlichen Strafe entronnen,
wieder zu ihrem Manne zurück? Und
wie nahm der sie auf? Brachte er's
fertig, unterm Getuschel der
Nachbarn ihr neu zu vertrauen?

Oder der Lazarus, der doch schon
tot war, der schon im Grabe gelegen,
ich frage: was hat er berichtet
über den Tod und die andere Welt?
Schwieg er, sah man ihn lächeln?
Hat ihn denn keiner befragt?
Ich wüsste es gern.

Inkompetent

Man will doch keine Katze
im Sack kaufen,
so drückte sich
im Brautunterricht der
Bräutigam recht bildhaft aus

Seine Braut vor Augen
denke ich bei mir
wiewohl im Letzten inkompetent:

Wieso Katze?
Wieso Sack?
Wieso kaufen?

Tipps für Lebenskünstler

Behalte einen kühlen Kopf,
lass deine Seele in der Sonne bräunen.
Bleib Mensch und werde wesentlich
und leg dich selber auf die hohe Kante.

Sing dir das Lied vom braven Mann,
sei nobel, denn so geht die Welt zu Grunde.
Schon' deine Leber samt der Laus,
setz' deine Flöhe nicht in fremde Ohren.

Bleib immer weit vom Schuss und hol'
für andre nicht die Kohlen aus dem Feuer.
Brat' dir 'nen Storch darauf und lass
die Butter dir nicht mehr vom Brötchen nehmen.

Sei recht bei Trost und hab' im Kopf
Rosinen oder Stroh, nur keine Sorgen.
Pack deine Badehose ein und lass
dein Herz nicht in dieselbe fallen.

Geh in dich oder gehe aus
und suche Spaß, wo immer er zu kriegen.
Nimm deine Beine in die Hand
und Kopf und Kragen auf die leichte Schulter.

Man lebt

Ich höre, dass man damit leben kann:
Mit Schlaf und Arbeit, Spaß und gutem Essen.
Habt ihr dabei nicht einiges vergessen?
Und überhaupt, was soll das heißen: man?

Und das soll wirklich alles sein,
wofür wir leben, das soll uns genügen:
der Tisch gedeckt, gelegentlich Vergnügen
und Händchen halten und ein Lottoschein?

Man lebt, und mehr fällt euch nicht ein,
als Geld verdienen und ein Auto fahren
und Steuern zahlen und für'n Urlaub sparen
und abends Fernsehn oder Sportverein?

Es ist nicht viel, was man so Leben nennt:
Erst Kinderspiel, dann selber Kinder kriegen,
dann einmal jährlich in der Sonne liegen
und Rentenanspruch und ein Testament.

Und das soll alles dann gewesen sein
für uns, und sonst soll es nichts geben?
In mir ist Sehnsucht, mehr möcht ich erleben
und Träume haben und unsterblich sein!

Und spüre nichts von dir

Mit den Jahren

Ich bin schon lange nicht mehr,
ich gestehe, tief unten
in meinem Keller gewesen,
wo die alten Weine der Weisheit
liegen und das Wissen der
Jahrhunderte verstaubt,
das ich erwarb, o Thomas,
Tertullian und Berengar von Tours.

Auch war ich, fällt mir ein,
schon lange Zeit nicht mehr
da oben unterm Dach, wie früher,
wo ich den Schwalben nachsah
und selber das Fliegen versuchte.

Mit den Jahren gewöhnt
man sich an den alltäglichen
Bedarf, das, was gefragt ist
und was und das ist wenig,
noch ankommt bei den Leuten.
So übe ich, die fremden Nöte
täglich mit Geduld zu hören,
dafür die eignen zu verschweigen,
die kostbare Zeit, wie gefordert,
mit ungezählten Beschäftigungen
pausenlos zu vertun,
die Rechnungen zu bezahlen
und mit den Drucksachen,
die der Postbote bringt,
auf dem Laufenden zu sein
in der Theologie des Tages.

Mit den Jahren
mag es dann gelingen,
mit Wasser zu kochen,
das unbegreifliche Brot
in sehr sehr kleinen
Brötchen zu backen
und langsam die Liebe
zu erlernen in allem.

Bibel aktuell

Also das schaffen wir mühelos:

Speise für fünftausend und mehr Menschen
und den Überfluss körbeweis
für uns zu verbrauchen.
Fünf Gerstenbrote und zwei Fische
lassen wir noch übrig am Ende
für die andern.

Keine Angst, Jesus:

Wir sorgen uns nicht mehr ängstlich
um das, was wir essen und trinken
und morgen anziehen werden.

Das haben wir nicht mehr nötig:
Um all das kümmern sich vielleicht
die Menschen in den Entwicklungsländern.

Wir, möchte ich sagen, suchen vielmehr
zuerst Gesundheit und dass wir entsprechend
verdienen und was haben vom Leben.

Alles andere, heißt es ja richtig,
wird dann hinzugegeben werden.
Möglicherweise im Schlaf.

Pluralität

In der
berühmten modernen
Kirche
aus Beton und Glas,
die ich besuchte,
waren selbst die Gläubigen
aus Beton.
Aber in Stereo,
stromlinienförmig,
floss der Gottesdienst
an mir vorbei.

Nicht weit davon,
in einer
sagenhaft vergammelten
alten Kirche,
zerflossen
zwei Dutzend Kerzen
beim heiligen Antonius
vor Rührung.

Alltäglich denke ich

Alltäglich denke ich
viele Stunden lang
nicht an dich

Doch manchmal spüre ich
nur sekundenlang
du siehst mich

Dann wieder denke ich
viele Stunden lang
nicht an dich

Abend

Ich gehe nach Hause
und schalte rasch
den Fernseher an

Ich habe Kopfschmerzen
und nehme rasch
eine Tablette

Ich will ruhig schlafen
und bete rasch
den lieben Gott herbei

Alltägliche Reden an Gott vor einer öffentlichen Fernsprechzelle notiert

Ach Gott, du brauchst mir gar nichts zu erzählen …
Allmächtiger, was sagt denn da dein Chef!?
Um Gottes willen, sag es niemand weiter –
du lieber Gott, jetzt ist es schon halb vier!

Mein Gott, wie kann man nur so dumm sein,
Na, Gott sei Dank, dass ich nicht bin wie du!
In Gottes Namen, geh in Frieden,
Weiß Gott, der bringt mich wirklich noch ins Grab.

Mein Gott, sei doch nicht immer so empfindlich!
Ach Gott, so war es wirklich nicht gemeint!
Du lieber Gott, du hältst mich wohl für dämlich!?
Jetzt hör um Gottes Willen endlich auf!

Wie komme ich zu Gott?

Wie komme ich zu Gott?
In meinem Lexikon
jedenfalls
führt der Weg zu ihm
über Gotik
Gotland und die
Gotoinseln

Gott ist lange tot

Gott ist lange tot,
    wusste der junge Mann.
Seltsam,
    wunderte sich der alte Pater:
Vor einer Stunde
sprach ich noch mit ihm.

Einen ganzen Tag lang im Sommer
warteten fünfzig Urlauber
eines Busses aus Flensburg am
Großglockner, um diesen zu sehn.
Sie sahen indessen nur Nebel und Wolken
und graues Geröll und ein wenig Schnee.
So sehr sie auch schauten mit Augen und Gläsern,
es war nichts zu sehn. – Und sie trafen
zwei Damen aus Tilburg in Holland,
die schon drei Wochen schauten und schauten
auf Geröll und Gewölk, aber vom Berg nichts gesehn.

Jedoch zu zweifeln an diesem Berg,
an seinem realen Vorhandensein,
sah keiner sich abends genötigt,
als sie den Bus dann bestiegen.
Selbst Herr Koch, der ansonsten nur glaubt,
was er sieht (mit eigenen Augen), sonst nichts,
hatte fünf Ansichten des großen Glockners
in Farben gekauft und schrieb hinten drauf
von unvergesslichen Eindrücken.
Und hatte selber gar nichts gesehn als Nebel.
Und zweifelte doch nicht an dem großen Berg.
Und vertraute dem Österreichischen Alpenverein.

Wenn du beten willst

Wenn du beten willst
so geh in dein Kämmerlein
dein Dunkelkämmerlein
und entwickle das Bild
das Gott sich
von dir gemacht hat

Sag, wofür lebst du?

Geheimnis
über uns
über allem, was oben ist
größer als der größte Mensch
die mächtigste Macht
Herr, erbarme dich

Geheimnis
unter uns
unter allem, was unten ist
kleiner als der kleinste Mensch
die ohnmächtigste Ohnmacht
Christ, erbarme dich

Geheimnis
nah' bei uns
nah' bei allem, was nahe ist
näher als der nächste Mensch
die wirklichste Wirklichkeit
Herr, erbarme dich

Sag, warum glaubst du
noch immer
schon wieder
immer wieder neu?
Vielleicht weil einer an mich glaubt
darum glaub ich.

Sag, worauf hoffst du
noch immer
schon wieder
immer wieder neu?
Vielleicht dass einer mir vertraut
darauf hoff ich.

Sag, wofür lebst du
noch immer
schon wieder
immer wieder neu?
Vielleicht dass einer durch mich lebt
dafür leb ich.

Zwischen dir und mir

Zwischen den
beiden Polen
den Elektroden
zündet der
Funke

Aus der Spannung
zwischen den beiden
stromführenden
Kohlen strahlt die
leuchtende Kraft
der Lichtbogen

Mitten unter uns
von Mensch zu Mensch
zwischen dir und mir
die Liebe
das Ereignis
Gottes

Im Vorübergehn

Wir haben nur
ein paar Worte gewechselt:
die großen in kleine,
alltägliche Worte.

Wir sprachen
so im Vorübergehn
nicht von Vertrauen
und dass wir uns lieben.

Du fragtest: wie geht's dir?
Ich sagte: schön, dich zu sehn!
Ein Wort gab das andere.

Wir haben nur
ein paar Worte gewechselt:
deine und meine getauscht
miteinander, geteilt
kleine, alltägliche Worte.
Und auch die großen,
die ungesagten.

Einen Augenblick lang

Manchmal,
in seltenen Stunden,
spürst du auf einmal
nahe dem Herzen, am
Schulterblatt schmerzlich
die Stelle, an der uns,
wie man erzählt, vor
Zeiten ein Flügel bestimmt
war, den wir verloren.

Manchmal
regt sich dann
etwas in dir, ein Verlangen,
wie soll ich's erklären,
ein unwiderstehliches Streben,
leichter und freier zu leben
und dich zu erheben und
hoch über allem zu schweben.

Manchmal,
nur einen Augenblick lang –
dann ist es vorbei –
erkennst du dein wahres
Gesicht, du ahnst, wer du
sein könntest und solltest.
Dann ist es vorbei.
Und du bist, wie du bist.
Du tust, was zu tun ist.
Und du vergisst.

Kleines Liebeslied

Aus Traum und Tränen sind wir gemacht
wenn du trauerst
will ich dich trösten

Aus Tag und Abend sind wir gemacht
wenn dir kalt wird
will ich dich wärmen

Aus Angst und Hoffnung sind wir gemacht
wenn du Tod sagst
sage ich Leben

Der Wind

Der Wind,
den es mir zuweht aus
milderem Land,
streicht mir
über die Wangen,
so sanft,
als habe er
unterwegs und sehr
weit von hier
deine Lippen berührt
im Vorübergehn
und trüge nun
ganz behutsam
deinen Atem herüber
zu mir.

Ich lieb dich

Ich lieb dich mehr als ich dir sagen kann
und mehr, viel mehr noch als mein eignes Leben.
Und was ich bin und hab will ich dir geben.
Ich lieb dich mehr als ich dir sagen kann.

Mit meinen Augen sehe ich dich an
und kann, was mir geschah, noch nicht verstehen,
nur dies: ich will nun immer mit dir gehen.
Ich lieb dich mehr als ich dir sagen kann.

Nur dir allein vertraue ich mich an
und will mein Glück in deine Hände geben
für heut und immer, für mein ganzes Leben.
Ich lieb dich mehr als ich dir sagen kann.

Die sieben Schwüre
Ein Hochzeitslied

Gehst du mit mir
dann folge ich dir
an jeden Ort

Sprichst du mit mir
dann sage ich dir
mein schönstes Wort

Lebst du mit mir
dann teil ich mit dir
mein Haus mein Brot

Weinst du mit mir
dann bleib ich bei dir
in aller Not

Lachst du mit mir
dann geh ich mit dir
auf jeden Tanz

Schläfst du mit mir
dann gebe ich dir
mich selber ganz

Träumst du mit mir
dann zeige ich dir
das Paradies

Flitterwochen

Ich bin ein Kind noch und möcht spielen,
auch wenn du's albern findest und naiv,
ich kann mit Ohren wackeln und auch schielen
und Nachlauf spielen oder Detektiv.

Ich kann auch zaubern, wolln wir wetten?
Ach nein, ich weiß ein Spiel ganz für uns zwei:
Du musst mich aus der Hand der Räuber retten,
ich sitz im Schrank gefangen, mach mich frei!

Du bist mein Prinz und mein Befreier,
ich bin Dornröschen, und ich bleib bei dir!
Ich koch dir Essen, heute gibt es Eier,
zum Nachtisch Pudding und ein großes Bier.

Ich möchte gerne deine Träume wissen
und ob du Kummer hast in deinem Bauch,
doch wenn du stur bist, werf ich dich mit Kissen
und spiele Bösesein, das kann ich auch.

Das nächste Spiel ist dann Versöhnen,
da musst du sagen: Komm mein Schatz, verzeih!
Und ich muss dich nach Herzenslust verwöhnen
und das nicht nur im Wonnemonat Mai!

Ich tanz dir rum auf deiner Nase,
du lieber Mann, ich setz mich in dein Ohr.
Ich bin dein Steckenpferd, dein Osterhase,
ich bin ein Kind noch, trag es mit Humor!

Ein Kind kommt

Ein Kind ist uns geboren,
lebendig und geliebt,
die Welt ist nicht verloren,
solang es Kinder gibt.

Und wir sehen dich an
wie du schläfst, wie du wachst,
und wir lächeln dir zu,
ob du weinst oder lachst.

Und wir spielen mit dir,
und wir singen ein Lied,
und wir halten dich warm,
dass dir ja nichts geschieht.

Und wir danken für dich,
und wir bitten den Herrn,
ach, beschütz unser Kind,
denn wir haben es gern.

Und wir wünschen so sehr,
dass du wächst und gedeihst,
bis du selber erkennst,
wer du bist, wie du heißt.

Ein Kind ist uns geboren,
lebendig und geliebt,
die Welt ist nicht verloren,
solang es Kinder gibt.

Taufl ied

Kein Paradies können wir dir geben
in dieser Welt, kleines Menschenkind

aber die Eltern
und deine Verwandten
sie lieben dich sehr

aber die Paten
die Freunde und Nachbarn
sie stehen dir bei

aber die Menschen
aus dieser Gemeinde
sie gehen mit dir

Kein Schloss von Gold können wir dir schenken
kein Zauberwort, kleines Menschenkind

aber den Namen
des ewigen Gottes
der will, dass du bist

aber das Zeichen
in dem du erlöst bist
das Kreuz auf der Stirn

aber das Wasser
der Taufe zum Leben
das strömt über dich

Kein Horoskop können wir dir zeigen
aus lauter Glück, kleines Menschenkind

aber die Hoffnung
zu der du gesalbt bist
ein Christ sollst du sein

aber die Liebe
sie soll dein Gewand sein
das kleidet dich gut

aber den Glauben
das Licht auf dem Leuchter
so leuchte auch du

Segenslied über ein Kind

Segne dieses Kind und hilf uns, ihm zu helfen,
dass es sehen lernt mit seinen eignen Augen
das Gesicht seiner Mutter
und die Farben der Blumen
und den Schnee auf den Bergen
und das Land der Verheißung

Segne dieses Kind und hilf uns, ihm zu helfen,
dass es hören lernt mit seinen eignen Ohren
auf den Klang seines Namens
auf die Wahrheit der Weisen
auf die Sprache der Liebe
und das Wort der Verheißung

Segne dieses Kind und hilf uns, ihm zu helfen,
dass es greifen lernt mit seinen eignen Händen
nach der Hand seiner Freunde
nach Maschinen und Plänen
nach dem Brot und den Trauben
und dem Land der Verheißung

Segne dieses Kind und hilf uns, ihm zu helfen,
dass es reden lernt mit seinen eignen Lippen
von den Freuden und Sorgen
von den Fragen der Menschen
von den Wundern des Lebens
und dem Wort der Verheißung

Segne dieses Kind und hilf uns, ihm zu helfen,
dass es gehen lernt mit seinen eignen Beinen
  auf den Straßen der Erde
  auf den mühsamen Treppen
  auf den Wegen des Friedens
  in das Land der Verheißung

Segne dieses Kind und hilf uns, ihm zu helfen,
dass es lieben lernt mit seinem ganzen Herzen

Lied zur Taufe

Wir taufen mit Wasser.
Einen aber gibt es, der ist größer,
der tauft mit Geist und mit Feuer.

Wir sind geboren, wir nennen es Leben,
haben empfangen und müssen geben.
Menschsein heißt teilen die Freuden und Sorgen,
glauben und lieben, hoffen auf morgen.

Wir taufen mit Wasser.
Einen aber gibt es, der ist größer,
der tauft mit Geist und mit Feuer.

Glauben und lieben und hoffen auf morgen,
noch ist das Heil den Augen verborgen.
Christus hat uns seinen Namen gegeben,
in diesem Namen werden wir leben.

Wir taufen mit Wasser.
Einen aber gibt es, der ist größer,
der tauft mit Geist und mit Feuer.

Psalm 139

Herr, ja du kennst mich genau.
Du liebst mich und blickst zu mir hin,
wo ich auch bin.

Was ich auch denke, erkennst du,
wohin ich auch geh, was ich tu,
alles weißt du.

Steig ich zum höchsten der Himmel,
tief in der Erde, auch da
bist du mir nah.

Flög ich dem Morgenrot nach
über Meere nach Ost oder West,
du hältst mich fest.

Manchmal da geh ich ins Dunkel,
verstecke im Finsteren mich,
doch du siehst mich.

Du hast mein Innres gebildet,
immer hast du mich gesehn
und kannst verstehn.

Du bist mein Atem, mein Leben,
nichts ist verborgen vor dir,
du bist bei mir.

Kinderlied

Tanzen, ja tanzen wollen wir,
tanzen, ja tanzen und spielen
vor dem Herrn,
denn die fröhlichen Kinder,
o ja die hat er gern.

Die Sterne wandern ihre Bahn,
sie stehn nicht still, sie kreisen,
und schaust du dir die Wolken an,
auch sie sind stets auf Reisen.

Die Vögel ziehen durch die Luft,
auch Schmetterling und Fliegen,
und Bienen suchen nach dem Duft,
in dem sich Blumen wiegen.

Die Fische tummeln sich im See,
und Schwäne ziehen Kreise,
ein jedes Tier, ob Hund, ob Reh,
regt sich auf seine Weise.

Gott ließ die ganze Welt sich drehn,
ihm Lob und Dank zu zeigen,
und auch im Himmel, sollt ihr sehn,
da tanzen Engel Reigen!

Tanzen, ja tanzen wollen wir,
tanzen, ja tanzen und spielen
vor dem Herrn,
denn die fröhlichen Kinder,
o ja die hat er gern.

Zwei Menschen

Wir reden
Wir reden dauernd
aneinander vorbei

Wir reden
Wir reden uns
immer weiter auseinander

Vielleicht
schweigen wir uns
wieder zusammen

Ehe-Story

Wir liegen uns
in den Armen

Sie liegt mir
am Herzen
in den Ohren
auf der Tasche

Wir liegen uns
in den Haaren

Neue Grammatik

Alles, was Angst macht, sagst du als Frau,
alles ist männlich: der Mann, der Staat,
der Bulle, der Knüppel, der Knast,
der Krieg – all das ist männlich.

Anders: die Frau, die Hoffnung, die Liebe,
weiblich ist das, wie die Blume, die Erde,
die Sonne doch auch, die Fantasie
und die Zärtlichkeit.

Und die Gewalt, frag ich zurück, die Macht,
die Gefahr, die Rakete, die Rüstung, wie
steht es damit, die Waffe und die Atomkraft,
die Ausbeutung, Lüge und Gleichgültigkeit?

Nein, du hast Recht, verzeih, das
sollt ich nicht sagen, das ist nicht fair,
und es hilft uns nicht weiter.
Von mir aus soll gelten fortan,
wenn du willst, eine andere Sprache:

die Baum, die Wald und die Friede!

Das letzte Wort

Geh nur, ich halt dich nicht. Und nimm
auch gleich das alles mit, was dir
gehört und mir, das Ganze hier,
nimm's mit. Es ist nicht weiter schlimm,

wenn ich dann ohne Tisch und Bett
und Stuhl und einsam leben muss, –
es wird schon gehn – ja, es ist Schluss,
ich weiß. Und bitte, sei so nett,

und pack auch all das Schöne ein,
was wir erlebt, und jedes Wort,
das wir uns sagten, nimm's mit fort,
und auch mein Herz vergiss nicht. Nein,

ich hab es dir geschenkt. Nimm's mit,
wenn du jetzt gehst, lass nichts zurück,
nur mich. Mach's gut, ich wünsch dir Glück!
Das war's ja wohl, und wir sind quitt.

Was zögerst du? Bist du noch hier,
was ist? Was siehst du mich so an
als fehlte nur ein Wort? Ich kann
nur sagen: Bitte, bleib bei mir!

Treue

Treue, sagte ich. – Verwundert
sieht sie mich an und hebt wie
ratlos ein wenig die Schultern:
Treue? – ich weiß nicht, das
ist so ein großes Wort. Vielleicht
war es einfach nur Trägheit,
dass ich immer noch hier bin,
bei ihm, und dass ich nicht wegging
in all diesen Jahren. Manchmal
war mir durchaus danach. –
Sie greift nach dem Glas, als
wolle sie trinken, lässt es dann
aber, lehnt sich zurück: Nein,
es war wirklich nicht immer ganz
einfach. Doch wie's halt so geht,
man gewöhnt sich schließlich an
alles. Weißt du, im Grunde ist er
nicht schlecht. Ich glaube schon,
dass er mich braucht, trotz allem.
Sie sucht ein wenig zu lächeln.
Ja, so ist das mit uns, du siehst:
gar nichts Besonderes. Gott, jetzt
fang ich auch noch zu heulen an. –
Verzeih, sagt sie verlegen und
streicht mit zitternder Hand
vor sich die Tischdecke glatt.

Sind wir die letzten, die glauben?

Erinnerung an große Zeiten

Da ist es, das stolze Schiff: In Dienst
gestellt wurde es einst zum Fischfang
auf hoher See und hat, wie man hört,
früher auch Seelen aus Seenot gerettet.
Nun liegt es schon lange im Hafen
und dient inzwischen als Kaffeedampfer.

Seht es euch an, das Schiff; es lohnt ein
Besuch, nicht nur am Sonntag. Vor allem
kommen Senioren, aber auch Kinder hierher.

Der Kapitän spricht gerne von früheren
Zeiten. Auf Wunsch der Besucher lässt er
die Segel setzen und zeigt voller Stolz,
wie man die Netze auswarf zum Fang.

Am Sonntagmorgen ruft er die Mannschaft
zusammen. Dann liest er vor aus der
Chronik vergangener Tage. Und es erklingen
die alten Seemannslieder von früher.

Die erzählen von Sturm und Gefahr,
von den Fahrten ferne der Heimat unter
den Sternen. Sie singen vom endlosen Meer,
von Matrosen und ihrer Sehnsucht.

Worauf sollen wir hören?

Worauf sollen wir hören, sag uns worauf?
So viele Geräusche –
welches ist wichtig?
So viele Beweise –
welcher ist richtig?
So viele Reden –
ein Wort ist wahr.

Wohin sollen wir gehen, sag uns wohin?
So viele Termine –
welcher ist wichtig?
So viele Parolen –
welche ist richtig?
So viele Straßen –
ein Weg ist wahr.

Wofür sollen wir leben, sag uns wofür?
So viele Gedanken –
welcher ist wichtig?
So viele Programme –
welches ist richtig?
So viele Fragen –
die Liebe zählt.

Wir haben diskutiert

Wir haben diskutiert
bis nach Mitternacht
ob Glauben
die Menschen
zufrieden oder unzufrieden
ruhiger oder unruhiger
macht

Am Ende waren wir
gar nicht zufrieden und
schliefen auch schlecht

Wie
soll man das nun
deuten?

Ich setze mich zur Lesung

Ich setze mich zur Lesung
Ich höre (nicht)

Ich stehe auf zum Evangelium
Ich höre (nicht)

Ich setze mich zur Predigt
Ich höre (nicht)

Ich stehe auf zum Credo
Ich glaube (nicht)

Zu Matthäus 19,30

Sind wir die Letzten, die glauben,
glauben an das, was war,
sind wir nur übrig geblieben,
übrig von dem, was war?
Andere sehn nur das Heute,
sehen nur das, was ist.
Sind wir die Letzten, die glauben,
glauben an das, was war?

Sind wir die Ersten, die glauben,
glauben an das, was wird,
sind wir die Vorhut von morgen,
Vorhut von dem, was wird?
Andere sehn nur das Heute,
sehen nur das, was ist.
Sind wir die Ersten, die glauben,
glauben an das, was wird?

Credo

Ich kann nicht denken,
dass die Welt, in der wir leben,
das Produkt blinder Zufälle ist.
Ich erkenne,
dass es Gesetze und Strukturen gibt,
Höherentwicklung und Zielstrebigkeit
über die Jahrtausende hin. Einen tiefen
Sinn in allem und ein Ziel,
auf das alles zugeht.
Ich will glauben,
dass dieses Geheimnis aller Welt,
das auch mich hervorbrachte, das mich birgt,
ein Angesicht hat,
dass es um mich weiß und mich liebt, dass ich
nicht austauschbar bin,
dass ich nicht verloren sein werde.
Wir glauben an Gott, den allmächtigen Vater.

Ich kann nicht denken,
dass die Menschen, mit denen wir leben,
nur Illusionen nachträumen und dass sie
um ihre Hoffnungen betrogen werden.
Ich erkenne in Jesus Christus
das Bild des Menschen. Ich sehe in seinem Leben,
dass es Wahrheit und Gerechtigkeit geben kann,
ich erkenne, wie viel Güte und Liebe möglich
ist und dass diese Möglichkeit
von keiner Gewalt gebrochen, ja selbst
durch den Tod nicht ausgelöscht werden kann.

Ich will glauben,
dass Jesus lebt, dass sein Wort auch heute
Menschen zum Leben ruft und befreit,
dass in ihm schon sichtbar ist,
was der Mensch der Zukunft sein wird,
und dass wir sein Erscheinen erwarten dürfen,
bis es aufleuchtet in allem.
Wir glauben an Jesus Christus, den Sohn, den Herrn.

Ich kann nicht denken,
dass es vor allem darauf ankommen soll,
seinen kleinen Vorteil zu haben.
Ich erkenne ja,
dass ich gebraucht werde, dass so viel zu tun ist.
Ich erkenne in mir – trotz aller
Schwachheit – den Anruf und das Verlangen,
mich einzusetzen, mich hinzugeben
für eine kommende, eine bessere Welt.
Ich will glauben,
dass der Geist Gottes sich durchsetzt
und eine neue Erde schafft. Dass Gott sich
ein Volk beruft, eine lebendige Kirche,
ausgesandt, seine Sache voranzutreiben,
Wahrheit zu ermitteln, Gerechtigkeit
zu schaffen, Hoffnung zu wecken
und Glück für alle möglich zu machen.

Ich will glauben, dass diese Gemeinschaft
einmal die Menschen aller Rassen und
Religionen umfasst, dass alle Ungerechtigkeit
und alle Schuld überwunden werden
auf das kommende und ewige Heil hin.
Wir glauben an den Heiligen Geist,
an die Kraft des göttlichen Lebens.

Weil einer an mich glaubt

Weil einer an mich glaubt
so wie ich bin
darum kann ich glauben
so wie ich bin

Weil einer für mich starb
wer ich auch bin
darum darf ich leben
wer ich auch bin

Weil du o Gott mich liebst
so lang ich bin
darum will ich lieben
so lang ich bin

Es gibt Lieder und Gebete
von denen kommen wir her
selbst wenn sie uns nicht mehr passen
(zu klein oder zu groß geworden für uns?):
es waren unsere Gebete und Lieder
wir sollten sie uns nachsagen lassen

Es gibt Lieder und Gebete
zu denen sind wir unterwegs
selbst wenn wir noch nicht so weit sind
(zu klein oder zu groß noch für sie?):
es werden unsere Gebete und Lieder sein
wir sollten sie uns vorsingen lassen

Und es gibt Lieder und Gebete
von denen kommen wir her und
zu denen sind wir unterwegs in einem
das Credo zum Beispiel:
ich lernte es auswendig in der Schule
ich hoffe es gelernt zu haben inwendig
am Ende meines Lebens
damit ich an dem Anfang stehe
den es markiert

Der Holzweg

Zugegeben,
wir sind auf dem
Holzweg,
wenn wir ihm folgen:

Auf diesem mühsamen Weg
vom Holz der Krippe
im ärmlichen Stall
zum Holz des Kreuzes,
dem Marterpfahl,
an dem er litt.

Dazwischen
der harte Alltag des
Zimmermanns: Holz,
Balken und Latten ringsum.
Bretter, die die Welt
bedeuten. Das war
seine Welt. Holzgeruch
über Jahre hin.

Und nun also ich:
mit dem Brett
vor dem Kopf und dem
Balken im Auge.
Und ich (lacht nur),
ich will ihm nachgehn.

Glaubensgespräche

Sag mal, fragt er mich
mitleidig lächelnd:
Glaubst du im Ernst noch,
dass es das gibt – einen Gott?
Aber ja, sage ich daraufhin:
Schon damit dieser Gott
nicht den Glauben verliert,
dass es noch Menschen gibt.

– – –

Gott, wenn er allmächtig ist, müsste doch,
sagst du, all das Unrecht verhindern,
dreinschlagen müsste er einfach mal
richtig und … Stimmt, sag ich dann,
das müsste er wohl. Doch seien wir
froh, dass er es nicht tut; so sind wir
beide, so wie es aussieht, trotz
allem noch immer am Leben.

– – –

Mancher verliert seinen Glauben
wie einen Schirm, ganz nebenher.
Man achtet nicht weiter darauf,
weil es gerade nicht regnet,
und lässt ihn irgendwo liegen. –
Bei schlechtem Wetter, wenn man ihn
brauchte, den Schirm, ist er dann
plötzlich nirgends zu finden.

– – –

Sie hatte mir gesagt:
Ich kann nicht mehr so recht
auf einen Gott vertrauen.
Meine Zweifel sind da stärker. –
Ach ja?, sag ich. Bei mir
ist's jetzt fast umgekehrt:
Ich kann nicht mehr so recht
auf meine Zweifel bauen.
So mit den Jahren wird das
Gottvertrauen stärker.

– – –

Wie kommen wir bloß an den Glauben?
Die Gläubigen geben ihn meistens
nicht her: ich lass mir, heißt's,
meinen Glauben nicht nehmen.

– – –

Ich glaube alles, meint er,
das ganze Credo, Herr Pfarrer,
von hinten bis vorn.
Auch dass dich Gott liebt? –
Nein, also das – glaube ich nicht.

– – –

Es ist alles Schwindel, sagst du,
ich glaube nichts mehr. Und glaubst
dabei doch, dass du Recht damit hast.
Und ähnlich glauben die meisten,
die nichts mehr glauben, durchaus
an sich selbst, grad wie an ein Dogma
und so unfehlbar, dass es mir schwindelt.

Wir sind noch zu retten

Huldigung

Kirche, du arme alte Waschfrau:
Ein Leben lang auf den Knien,
bemüht, mit krummem Rücken
und roten, rissigen Händen
die schmutzige Wäsche zu waschen
so vieler Generationen, immer wieder
andern den Dreck wegzumachen,
bemüht, ein Leben lang und wie vergeblich
dem Staub zu Leibe zu rücken,
dem Schmutz, dem Rost und den Flecken
mit diesem unbegreiflichen Ehrgeiz,
ein kleines Stück dieser Welt,
wenigstens dieses kleine Stück Boden,
diesen immer wachsenden Berg Wäsche
womöglich weiß und rein zu erschaffen,
wie neu für den heutigen Tag.

Und ich, das Kind,
dem du die Windeln gewaschen
und die Lieder vom einfachen frommen
Leben gesungen hast,
sollte mich jetzt deiner schämen,
deiner rauen Hände und
deiner grauen Haare und deines
gebeugten Rückens?

Noch wenn ich sterbe,
wirst du bei mir sein geduldig
und deine rauen Hände falten.

Vision

Eine junge und schöne Kirche,
manchmal träume ich davon,
eine tanzende Kirche
mit Blumen im Haar,
ein großes fröhliches Kind,
himmelhoch jauchzend
verzückt, mit geschlossenen Augen,
verrückt vor Liebe
in deinen Armen, Jesus,
an dich geschmiegt
die Schönste von allen.

Manchmal sehe ich sie schon
mit meinen Augen,
diese junge verliebte Kirche
in all diesen großen Kindern
und in diesen ausgewachsenen
Leuten, die immer noch
ein bisschen wie Kinder sind.

Reibung

Aber ja, auch ich
reibe mich
an so manchem
in der Kirche,
woran, das will ich hier
nicht weiter vertiefen.

Doch andererseits
lehrt bereits die Physik,
dass Reibung gewöhnlich
Wärme erzeugt.

Man könnte an
Nestwärme denken,
etwas wie Zugehörigkeit
sozusagen.

Denn woran man
sich reibt, – nun,
das lässt einen nicht
kalt.

Einer ganz hinten

Ich komm in diesem Gottesdienst nicht vor,
so hatte er gesagt, ein junger Mann. Und auch:
Was da so läuft, das geht mich nichts mehr an.

Gelegentlich kommt er dann doch am Sonntag,
steht immer an der Tür, ganz hinten ist sein
Platz, so weit entfernt wie möglich vom Altar.

Er kommt in diesem Gottesdienst nicht vor,
nicht einen Meter kommt er vor, weil er
in dem, was da geschieht, nicht vorkommt.

O Herr, denk ich, verzeihe ihm. Und mir,
der ich so nah dir bin an dem Altar
und „das, was läuft", die Liturgie verwalte.

War da nicht einer, fällt mir ein,
der stand ganz vorne und er dankte dir,
dass er weit frömmer war als all die andern,
wie der da hinten beispielsweise an der Tür?

Was weiß denn ich, vielleicht kommt er nicht
vor, der Junge an der Tür, weil ich,
weil wir, weil er – Herr, komm du ihm zuvor! –

Ich bin bei ihm, sagst du, bedenk:
Ich bin die Tür!

Pietà

Seht die Mutter voller Schmerzen,
wie sie mit zerrissnem Herzen
blickt voll Weh auf ihren Sohn.

Seinen Leib, am Kreuz gehangen,
hält die Mutter nun umfangen,
diesen Leib, den sie gebar.

Wer kann dieses Bild vergessen?
Wer kann hinsehn und ermessen
diesen Schmerz, dem keiner gleich?

Viele kommen, viele gehen,
ganze Gruppen bleiben stehen:
dieses Werk ist sehr berühmt.

Spätes vierzehntes Jahrhundert,
hört man sagen und bewundert
wird zumal der Faltenwurf.

Und die Mutter voller Schmerzen
seh ich mit zerrissnem Herzen
weinen. Und ich schäme mich.

Die Heiligenstatuen

Einige, wohl die berühmtesten,
sind aus Holz geformt oder Stein.
Aber die meisten Heiligen in den
ganz gewöhnlichen Kirchen sind aus
Gips, das ist kaum zu bestreiten.

Blass sehen sie aus, als wären sie nie
an der Sonne gewesen. Und überaus brav
halten sie Lämmer, Lilien oder auch
Marterwerkzeuge in ihren Händen.

Sanft neigen sie alle den Kopf,
als dächten sie nach über die Frage
vielleicht, warum für das gläubige Volk
ein Heiliger immer so ernst sein muss.

Abends, wenn keiner sie sieht (weil die
Kirche um sieben geschlossen wird),
trau'n sie sich endlich zu lächeln.

In der Nacht, so möcht ich vermuten,
dürfen sie sein, wie Gott sich wohl
seine Heiligen vorstellt, selbst die
aus Gips. Nun wie? Sagen wir: selig.
Dann sitzen sie fröhlich zusammen
und erzählen und singen und lachen
(auch über uns, die wir solches ja
niemals für möglich halten).

Der barocke Himmel

Hoch oben in die Kuppel der Kirche
hat der begnadete Meister vor Zeiten
eine unübersehbare Schar von Heiligen
gemalt, wie sie, auf Wolken schwebend
und Palmzweige in den Händen, schwerelos
in jubelnder Freude dem Herrn entgegeneilen,
emporgehoben in einen Wirbel aus Licht.

Darunter, mitten in der Kirche, mit beiden
Beinen also auf der Erde, wie man sagt,
ist jetzt täglich eine beträchtliche Schar
von Touristen zu sehen, wie sie, die Hände
auf dem Rücken verschränkt, emporstarren
ratlos, so scheint es, hinauf in den
seligen himmlischen Reigen.

Ich find das irr', sagt eine junge
Stimme: wie happy die da oben sind!
Den meisten aber, die da steh'n und starren,
kommt dies Getue über ihren Köpfen
doch reichlich übertrieben vor.

Die neue Hoffnung

Es ist nicht zu leugnen:
was viele Jahrhunderte galt,
schwindet dahin. Der Glaube,
höre ich sagen, verdunstet.

Gewiss, die wohlverschlossene
Flasche könnte das Wasser
bewahren. Anders die offene
Schale: sie bietet es an.

Zugegeben, nach einiger Zeit
findest du trocken die Schale,
das Wasser schwand. Aber merke:
die Luft ist jetzt feucht.

Wenn der Glaube verdunstet,
sprechen alle bekümmert von
einem Verlust. Und wer von
uns wollte dem widersprechen!

Und doch: einige wagen trotz
allem zu hoffen. Sie sagen:
Spürt ihr's noch nicht?
Glaube liegt in der Luft!

Der kommende Trend

Aller Augen warten auf ihn und Mikrofone
zuhauf, dass er Weisung gebe zur rechten Zeit.
Applaus. Er erscheint im Blitzlichtgewitter.
Vor einem erlesenen Kreis geladener Gäste
wird er, der Meister, verkünden den Trend.

Im kommenden Frühjahr, so lässt er sich hören,
wird sich vollziehen die wunderbare
Wiederentdeckung des Göttlichen in einer
Welt voller Langeweile und Zweckmäßigkeit.
Das Fantastische also, die Überhöhung des
Alltags, danach sehnt sich der Mensch. Man
wird wieder anbeten, bewundern und glauben.

All das, meine Freunde, will ich inszenieren
in nie gesehener Pracht: Brokat, Damast, Moiré,
Kardinalspurpur will ich, Weiß und viel Gold,
den Glanz des Barock, die große Gebärde,
Rausch und Verzückung. Gefühle. Mit einem Wort
Mystik. Himmlische Roben, Gewänder für Engel.
Ein Duft wie von Weihrauch über dem Ganzen.
Das, meine Damen und Herren, ist meine Vision.
Sie wird, ich bin sicher, die Welt verändern!

Eine Orgel ertönt und in fast überirdischer
Schönheit schreiten die Kreationen des Königs
der Mode über den goldenen Laufsteg. Staunen
erweckend, Begeisterung, stehende Ovationen.

Die wunderbare Zeitvermehrung

Und er sah eine große Menge Volkes,
die Menschen taten ihm Leid, und er redete
zu ihnen von der unwiderstehlichen Liebe Gottes.

Als es dann Abend wurde, sagten seine Jünger:
Herr, schicke diese Leute fort,
es ist schon spät, sie haben keine Zeit.

Gebt ihnen doch davon, so sagte er,
gebt ihnen doch von eurer Zeit!

Wir haben selber keine, fanden sie,
und was wir haben, dieses wenige,
wie soll das reichen für so viele?

Doch war da einer unter ihnen, der hatte wohl
noch fünf Termine frei, mehr nicht, zur Not,
dazu zwei Viertelstunden.

Und Jesus nahm, mit einem Lächeln,
die fünf Termine, die sie hatten,
die beiden Viertelstunden in die Hand.
Er blickte auf zum Himmel, sprach
das Dankgebet und Lob,

dann ließ er austeilen die kostbare Zeit
durch seine Jünger an die vielen Menschen.

Und siehe da: Es reichte nun das wenige für alle.
Am Ende füllten sie sogar zwölf Tage voll
mit dem, was übrig war an Zeit,
das war nicht wenig.

Es wird berichtet, dass sie staunten.
Denn möglich ist, das sahen sie,
Unmögliches bei ihm.

Einer, der sich verschenkte

Menschwerdung

Das Wort wird Fleisch:
  In einer Futterkrippe
  wimmert ein Menschenkind
  Das ist die Stimme der Stimmen

Das Wort wird Fleisch:
  Theorie wird Praxis
  Verheißung wird wahr
  der Traum wird Wirklichkeit

Das Wort wird Fleisch:
  Allmacht wird Ohnmacht
  die Liebe vermag alles
  Gott ist ein Mensch

Lukas 9,62

Wer die Hand an den Pflug legt
und schaut zurück
  in die große Zeit der Urkirche
  in die Zeit des hohen Mittelalters
  in die gute alte Zeit
  in die Zeit des Konzils
taugt nicht für das Reich Gottes

Das Kreuz des Jesus Christus

Das Kreuz des Jesus Christus
durchkreuzt was ist
und macht alles neu

Was keiner wagt, das sollt ihr wagen
was keiner sagt, das sagt heraus
was keiner denkt, das wagt zu denken
was keiner anfängt, das führt aus

Wenn keiner ja sagt, sollt ihr's sagen
wenn keiner nein sagt, sagt doch nein
wenn alle zweifeln, wagt zu glauben
wenn alle mittun, steht allein

Wo alle loben, habt Bedenken
wo alle spotten, spottet nicht
wo alle geizen, wagt zu schenken
wo alles dunkel ist, macht Licht

Das Kreuz des Jesus Christus
durchkreuzt was ist
und macht alles neu

Jesus

Die Wahrheit ist einfach
ein Wort
das befreit
das nachklingt
das mich ändert
eine Hand
auf meiner Schulter
Schwielenhand
die Brot bricht
warmer Atem an
meiner Schläfe
Blick
der mich sucht
Auge
das alles weiß

Was Jesus für mich ist?

Was Jesus
für mich ist?
  Einer der
  für mich ist.

Was ich
von Jesus halte?
  Dass er
  mich hält.

Dem ärmsten Hund
dem verlassensten Luder
wurde er Bruder. –
So war es zu lesen
in einem Text, den einer
als Entwurf einsandte
im Wettbewerb für
neue Kirchenlieder.
Nein, hieß es, das
geht nicht – Luder, das
geht zu weit, das
sagt man einfach nicht.
Sagten sie damals
nicht ähnlich:
Jesus, das geht nicht,
diesen Menschen
Bruder sein, das geht
zu weit, das
macht man einfach nicht.
Aber er machte es.
Sein Leben reimte Bruder
auf Luder.
Er glaubte daran.
Er musste dran glauben.

Gründonnerstag

Ja, den andern mal so richtig
zeigen, wer der Boss ist!
Aber der Dumme sein, der ihnen den Dreck wegmacht?

Ja, den andern mal so richtig
begreiflich machen, was ein Hammer ist!
Aber der sein, auf den man einschlägt?

Ja, den andern mal so richtig
klarmachen, wer an allem schuld ist!
Aber ohne schuld zu sein die Schuld auf sich nehmen?

Ja, den andern mal so richtig
die Wahrheit sagen!
Aber selber Wahrheit sein?

Ja, den andern mal so richtig
den Kopf waschen!
Aber die Füße?

Leidenswerkzeuge

Ich sehe auf dem Bild in der Kirche:
Geißel und Dornenkrone,
Leiter, Hammer, Nägel, Zange,
Würfel, Essigschwamm und Lanze,
das schwere Kreuz und die Inschrift daran.

Und ich denke weiter:
Feuer und Schwert,
Scheiterhaufen und Galgen,
elektrischer Stuhl und Schafott,
Daumenschrauben und Gehirnwäsche,
Pistolen und Gewehre,
Kanonen und Bomben und Raketen,
Napalm, Atom- und Wasserstoff.

Aber auch:
Krebs und Sklerose,
Smog und Lärm, Abgase, Alkohol, Drogen,
Slums, Wohnviertel, Tretmühlen aller Art,
Stress, der Leistungsdruck, das Alter,
die öffentliche Meinung.

Und endlich denke ich:
Dass uns das Leben täglich zum Tode verurteilt
und dass die Sonne sich nicht verfinstert
und die Erde nicht bebt, wenn wir sterben
und dass nichts vollbracht ist am Ende
und dass kein Hahn nach uns kräht

Es sei denn …

Golgotha

Drei Räuber
kreuzigt man heute
auf Golgotha:

Der linke nahm mir mein Geld
der rechte nahm mir mein Gut
der in der Mitte nahm mir meine Schuld

Auf Golgotha
kreuzigt man heute
drei Räuber

Ecce Homo

Nicht der Machthaber –
der Ohnmächtige
den sie verlachten
hat an mich gedacht

Nicht der Gewinner –
der Verlierer
hat mich gewonnen

Passion

Ich kenne einen

der ließ sich von uns die Suppe versalzen
der ließ sich von uns die Chancen vermasseln
der ließ sich von uns das Handwerk legen
der ließ sich für dumm verkaufen
der ließ sich einen Strick drehen
der ließ sich an der Nase herumführen
der ließ sich übers Ohr hauen
der ließ sich von uns kleinkriegen
der ließ sich von uns in die Pfanne hauen
der ließ sich von uns aufs Kreuz legen
der ließ sich von uns Nägel mit Köpfen machen
der ließ sich zeigen was ein Hammer ist
der ließ sich von uns festnageln auf sein Wort
der ließ sich seine Sache was kosten
der ließ sich sehen am dritten Tag

der konnte sich sehen lassen

Mit ausgebreiteten Armen

Der, von dem ich erzählen will,
wurde geboren in Armut und starb,
noch jung, mit ausgebreiteten Armen
am Kreuz einen schrecklichen Tod.

Warum, worin bestand seine Schuld?
Oder anders gefragt: wem war er im Weg?
Er raubte kein Geld, kein Land, stürzte
keinen vom Thron, zog nicht in den
Krieg, schrieb nicht einmal Bücher.

Der Ort, wo er aufwuchs wie andere auch,
war ohne Bedeutung: ein Nest in den Bergen
am Rande des riesigen römischen Reiches.
Er lernte ein Handwerk, zimmerte Möbel,
bis er die Werkstatt verließ und sein Dorf
und umherzog im Land, das Wort auszusäen.

Er sah, wie man weiß, weder Rom noch Athen.
Aber er sah seinen Vater im Himmel und
sah auf der Erde die Menschen im Dunkel
und lehrte sie sehn mit anderen Augen.
Er heilte die Kranken, rief Tote ins Leben.
So zog er umher und warb um die Herzen
und sprach von der Liebe, dem
Königreich Gottes.

Er starb, wie er lebte,
und lebt, wie er starb:
mit ausgebreiteten Armen.

Einer

der sich verschenkte
der gab, was er hatte
der Brot wurde
und Wein
ein Stück Brot
ein Schluck Wein
für alle
die hungern und dürsten
nach Brot
nach Liebe
nach Gerechtigkeit

Seht
welch ein Mensch
der sich nehmen ließ
brechen, kauen
aufzehren
Stück um Stück
Tag um Tag
schlucken, schlürfen
ausnutzen, austrinken
bis zum letzten
Tropfen seines Blutes

bis alles
vollbracht war
und leer
das Grab

Ja dieser
war Gottes Sohn

Ein Mensch wie Brot

Er lehrte uns die Bedeutung und Würde
des einfachen unansehnlichen Lebens
unten am Boden
unter den armen Leuten
säte er ein
seine unbezwingbare Hoffnung

Er kam nicht zu richten sondern aufzurichten
woran ein Mensch nur immer leiden mag
er kam ihn zu heilen

Wo er war
begannen Menschen freier zu atmen
Blinden gingen die Augen auf
Gedemütigte wagten es zum Himmel aufzuschauen
und Gott
ihren Vater zu nennen
sie wurden wieder Kinder
neugeboren
er rief sie alle ins Leben

Er stand dafür ein
dass keiner umsonst gelebt
keiner vergebens gerufen hat
dass keiner verschwindet namenlos
im Nirgends und Nie
dass der Letzte noch
heimkehren kann als Sohn

Er wurde eine gute Nachricht
im ganzen Land ein Gebet
ein Weg den man gehen
ein Licht
das man in Händen halten kann
gegen das Dunkel

Ein Mensch wie Brot
das wie Hoffnung schmeckt
bitter und süß

Ein Wort das sich verschenkt
das sich dahingibt wehrlos
in den tausendstimmigen Tod
an dem wir alle sterben

Ein Wort
dem kein Tod gewachsen ist
das aufersteht und ins Leben ruft
unwiderstehlich
wahrhaftig dieser war Gottes Sohn

Karsamstagslied

Gestern starb ich sehr allein
Gestern gruben sie mich ein
Gestern war ich tot

Gestern hat man mich gesucht
Mich vergessen und verflucht
Gestern war ich tot

Morgen weinen wir nicht mehr
Morgen ist kein Stein zu schwer
Morgen steh ich auf

Morgen sind die Gräber leer
Morgen ist der Tod nicht mehr
Morgen steh ich auf

Brot miteinander teilen

Seine offene Hand

Seine offene Hand
reicht das Brot
teilt es an uns aus

Seine offene Hand
Hammerschlag
treibt den Nagel ein

Meine offene Hand
nimmt das Brot
auch den Hammerschlag?

Ein Stück Brot

Ein Stück Brot
in meiner Hand
mir gegeben

dass ich lebe
dass ich liebe
dass ich Speise bin
für die andern

Ein Schluck Wein
in meinem Mund
mir gegeben

dass ich lebe
dass ich liebe
dass ich Trank bin
für die andern

Seht, das Brot, das wir hier teilen
das ein jeder von uns nimmt
ist uns von dem Herrn gegeben
immer will er bei uns sein

Seht, das Brot, das wir hier teilen
das ein jeder von uns nimmt
ruft nach Brot, um zu ernähren
alle Hungernden der Welt

Seht, der Kelch, den wir jetzt teilen
den ein jeder von uns nimmt
ist ein Zeichen für den Frieden
für den Bund in Christi Blut

Seht, der Kelch, den wir jetzt teilen
den ein jeder von uns nimmt
mahnt uns, dass auch wir versöhnen
und verbinden, was getrennt

Seht, was wir heut hier vollziehen
was wir miteinander tun
will den Tod des Herrn bezeugen
bis er wiederkommt in Kraft

Seht, was wir hier heute feiern
was wir miteinander tun
will uns neu mit ihm verbünden
dass wir tun, was er getan

Das Weizenkorn muss sterben,
sonst bleibt es ja allein,
der eine lebt vom andern,
für sich kann keiner sein.

Geheimnis des Glaubens:
Im Tod ist das Leben!

So gab der Herr sein Leben,
verschenkte sich wie Brot.
Wer dieses Brot genommen,
verkündet seinen Tod.

Geheimnis des Glaubens:
Im Tod ist das Leben!

Wer dies Geheimnis feiert,
soll selber sein wie Brot,
so lässt er sich verzehren
von aller Menschennot.

Geheimnis des Glaubens:
Im Tod ist das Leben!

Als Brot für viele Menschen
hat uns der Herr erwählt,
wir leben füreinander,
und nur die Liebe zählt.

Geheimnis des Glaubens:
Im Tod ist das Leben!

Wir wollen heut ein Mahl feiern
miteinander
und jeder
soll an Jesu Tod und
Auferstehung denken

Wir wollen dann sein Brot teilen
miteinander
und jeder
soll ein Stück empfangen
und davon essen

Wir wollen selber Brot werden
füreinander
und jeder
soll sich eine Scheibe
abschneiden können

Was ich sehe – gehört den Blinden
Was ich habe – den Habenichtsen
Was ich hoffe – den Hoffnungslosen
Ich gehöre den andern
Ich bin Speise
und Trank.

Wenn ich rede – dann für die Stummen
Wenn ich gehe – dann für die Lahmen
Wenn ich stark bin – dann für die Schwachen
Denn ich lebe für viele
Ich bin Speise
und Trank.

Es kommt der Tag

Du hast vollkommen Recht:
Der Glaube macht nicht satt,
im Gegenteil:
er verhindert, dass du satt wirst,
er macht hungrig, Hunger weckt er
und Durst nach Gerechtigkeit.
Doch dieser Hunger ist der beste Koch.

Es kommt der Tag, da ist das Mahl bereitet,
ein Mahl wie keines, Brot und Fisch für alle.
Zwölf Körbe fassen nicht den Überfluss,
und wenn wir Wasser schöpfen ist es Wein,
an diesem Tage wird die Hochzeit sein.

Tot ist nicht mehr tot

Glühende Kohle wird zur Schlacke

Glühende Kohle wird zur Schlacke
die Milch bekommt eine Haut
das Blatt fällt vom Baum
das Eisen setzt Rost an
das Wasser verdunstet
das Brot wird trocken
der Schnee schmilzt
das Blut gerinnt

Gegen die Vergänglichkeit
singe ich dir mein Lob
Ewiger

Kalauer

Ich war im Kino:

Blutüberströmt
fertiggemacht
fiel einer um
als Letzter von allen –
das war ein Western!

Ich war in der Kirche:

Blutüberströmt
fertiggemacht
stand einer auf
als Erster von allen –
das war ein Ostern!

»Was ist nach dem Tod?« Oster-Umfrage unter Straßenpassanten

Mit dem Tod ist alles aus
klarer Fall, da kommt nichts mehr
endgültig Schluss vorbei
Endstation, mein ich auch
paar Erinnerungen noch, vielleicht
doch bald vergessen. Früher
glaubte man an Auferstehung
Jesus und so. Aber woher
will man das wissen
das gibt's doch gar nicht
Himmel und so was
überhaupt das Ganze
tot ist tot. Würmer höchstens
paar Knochen noch oder so
Verwesung, chemisch ganz klar
Ich weiß nicht
manchmal –
Unsinn so was gibt's nicht
aber es könnte doch sein –
nein, machen Sie sich
keine Hoffnung. Mit dem
Tod ist alles aus
können sich drauf verlassen
denken Sie an mich wenn –
Meine Damen und Herrn
wir danken Ihnen für das
Gespräch. Schöne Ostern!

Auf die Frage

Auf die Frage des Spiegel
von Emnid ermittelt
ob es ein Leben
nach dem Tode gibt
sind von hundert Befragten
achtundvierzig dafür und
achtundvierzig dagegen.

Und wer entscheidet?

Man sagt

Das ist der Tod:
das vollständige Erlöschen der
Hirnfunktion, die absolute
hirnelektronische Stromstille.

Man sagt darum: Totenstille.
Man sagt darum: Ewige Ruhe.

Aber:
Auferstehung im Schalle der Posaunen!

Lieber Apostel Paulus

Lieber Apostel Paulus
wenn ich mal so sagen darf
nicht wahr, du hast doch
ich meine, was Jesus angeht
genauer seine Auferstehung
das nicht so wörtlich gemeint
eins Korinther fünfzehn
du weißt schon
nur
in dem Sinne wohl
dass er sozusagen geistig
sinnbildlich gemeint
in uns allen weiterlebt
dass wir neuen Mut fassen
den Blick erheben wie
die Natur erneut aufblüht
so ähnlich eben
es geht schon, die Sache
geht schon weiter, man muss
sie vorantreiben, die gute Sache
an die wir doch alle irgendwie
glauben, den Fortschritt, mein ich
Mitmenschlichkeit und so
Friede, nicht wahr
das wolltest du doch sagen –

Nein?

Osterabend

Warum diese Angst
und diese verschlossenen Türen
noch fester verschlossen
und abermals Riegel und Gitter davor
und abgesichert die Fenster nach draußen?

Drinnen Personenkontrolle:
was denkst, was glaubst, was bekennst du?
Es könnte ja immerhin sein, dass ein
Thomas unter uns ist, der da zweifelt
am Ostergeschehen und rüttelt,
was weiß ich, dazu noch am heiligen
Stuhl und der Stellung der Frau in der
Kirche und wagt womöglich am Ende,
die Vertikale des Glaubens
aufzulösen in Mitmenschlichkeit.

Warum diese Angst,
als wäre noch immer nicht Ostern?
Beurlaubt endlich die Wächter am Grabe,
tut auf die verschlossenen Türen,
denn Jesus ist siegreich erstanden!

Was seid ihr so furchtsam, lacht er uns
an (risus paschalis, das Ostergelächter):
Seht doch, ich lebe, ihr zitternden Zeugen,
singt halleluja!

Oster-Erinnerung

Im Laufe der Zeit, und wie es so geht,
hatte ich fast diesen Namen vergessen.
Man hört ja nicht viel mehr von ihm,
höchstens am Sonntag, mag sein, in der
Kirche. Doch da, ich geb's zu, bin ich
selten. Und sonst blieb wenig von ihm:

Ein gutes Gesicht, das langsam verblasst,
und Wundergeschichten: die Hochzeit von
Kana, der Sturm auf dem Meer, und wie der
verlorene Sohn wieder nach Haus fand.
Und hieß es nicht auch: Der Herr ist mein
Hirt, all' unsere Sünden hat er getragen?

Der Glaube der Kindheit: spärliche Reste.
In späteren Jahren war anderes wichtig:
Geschäft und Familie, Sport und so weiter,
da blieb, wie's so ist, kaum Zeit mehr zum
Beten. Und langsam kam er abhanden, der
kindliche Glaube, eigentlich schade …

Vorbei ist vorbei. Und heute ist Ostern.
Er ist auferstanden, so höre ich singen, es
kann ihm kein Felsen, kein Grab widerstehn.
Nur ich widersteh, ich kann's nicht mehr
glauben. Und wenn ich's versuche? Ach was,
heut' ist Ostern. Fahr'n wir ins Grüne!

Sucht den Lebenden

Wälzt ruhig einen Stein auf sein Grab
den schwersten, den ihr findet
den mit dem gewichtigsten Nachruf
verschließt, versiegelt, verrammelt sein Grab
stellt Wachen davor
Rot- oder Schweizergardisten
baut Tempel drauf, Denkgebäude, stapelt
Bibliotheken darüber oder
feiert, lobsingt –
doch sucht den Lebenden
nicht bei den Toten!

Oder
geht aufs Ganze
grabt auf, untersucht
sichert die Spuren
schickt Bodenproben ein
interviewt die Maulwürfe
befragt die Quellen
hört das Gras ab
legt Filme ein, Tonbänder
lasst Experten ran, Theologen
Altertumskundler
Meinungsforscher, Museumsdiener
auch, wer weiß, Schmetterlingssammler –
doch sucht den Lebenden
nicht bei den Toten!

Oder lasst alles
auf sich beruhen
die Fakten, all das, wen interessiert's
ganz ohne Belang, sind wir uns
einig nach dem Tode Gottes
wem sagen Sie das
wenngleich
Hauptsache die Sache irgendwie
Jesu geht weiter
Hoffnung, würde ich sagen
ausgezeichnet, das Wohin
unseres Umgetriebenseins –
doch sucht den Lebenden
nicht bei den Toten!
Doch sucht den Lebenden –

Vielleicht
sechzig Stadien entfernt
zweieinhalb Stunden zu gehn
teilt er das Brot
mit den Freunden am Tisch –
wo das wirklich lag, Emmaus
ist heute umstritten –
Doch sucht den Lebenden
nicht bei den Toten!

Osternacht

Aller Augenschein sagt
  ein Grab ist ein Grab
  tot ist tot
  aus ist aus
  fertig nichts weiter

Wir haben nichts dagegen
  als eine winzige Hoffnung
Wir haben nichts in Händen
  als ein kleines Licht
  im Dunkeln
Wir haben nichts vor Augen
  als ein paar verwirrte
  erschrockene Menschen
  die es nicht fassen können
  dass er lebt
  und ein leeres Grab
Wir haben nichts
  als ein Lied auf den Lippen
  er ist auferstanden
  halleluja

Das ist der Anfang des menschlichen Lebens:
eine befruchtete Eizelle
ein winziges Gebilde von etwa ½ Millimeter
  Durchmesser und 1/200 Milligramm Gewicht
eine winzige Hoffnung
  gegen allen Augenschein
ein kleines Licht
  in so viel Finsternis
ein paar fassungslose Menschen
  vor einem leeren Grab

ein Halleluja auf den Lippen
ein buntes Osterei
    das du mir schenkst
winzig sind die Argumente des Lebens
    gegen den Tod

Osterlied

Seht, der Stein ist weggerückt
nicht mehr, wo er war
nichts ist mehr am alten Platz
nichts ist, wo es war
halleluja

Seht, das Grab ist nicht mehr Grab
tot ist nicht mehr tot
Ende ist nicht Ende mehr
nichts ist, wie es war
halleluja

Seht, der Herr erstand vom Tod
sucht ihn nicht mehr hier
geht mit ihm in alle Welt
er geht euch voraus
halleluja

Ostermorgen

Mir ist ein Stein
vom Herzen genommen:
meine Hoffnung
die ich begrub
ist auferstanden
wie er gesagt hat
er lebt er lebt
er geht mir voraus!

Ich fragte:
Wer wird mir
den Stein wegwälzen
von dem Grab
meiner Hoffnung
den Stein
von meinem Herzen
diesen schweren Stein?

Mir ist ein Stein
vom Herzen genommen:
meine Hoffnung
die ich begrub
ist auferstanden
wie er gesagt hat
er lebt er lebt
er geht mir voraus!

Auferstehung

Sie zählten dich unter die Missetäter
Sie beschlossen deinen Tod
Sie gruben dich ein

Doch es ging auf die gefährliche Saat
das unzerstörbare Leben
das brachte den Stein ins Rollen

Sie wollten dich unter die Erde bringen
aber
sie brachten dich unter die Leute

Emmaus

Zwischen den Zeilen
bist du zu lesen,
zwischen den Menschen
zuweilen zu spüren.

Und auf dem Weg
von Pontius zu Pilatus,
von mir zu mir selbst
und auch von mir weg
zu den andern;
kann sein einen
Atemzug lang
bist du zu spüren.

Zwischen den Zeilen
bist du zu lesen,
zwischen den Menschen
zuweilen zu spüren.

Gestern zum Beispiel,
als wir das Bauernbrot
aßen in Emmaus wir beide
an dem Tisch in der Mitte
zu dritt.

Wir stehen auf

Sucht den Lebendigen nicht bei den Toten,
denn er will in uns allen erstehn.
Ja es geschehen noch Zeichen und Wunder,
und wer glaubt, kann sie heute schon sehn.

Vor Freude selig und von Tränen blind,
mit Augen, die das Licht noch nicht ertragen,
wie Menschen, die noch nicht geboren sind,
so stehn wir auf am Morgen nach drei Tagen.

Von finstern Mächten waren wir bewacht,
gefesselt und dem Tode übergeben.
Nun ist vorbei die lange dunkle Nacht,
in Ängsten waren wir und sieh wir leben.

Nun ist der Bann gebrochen, wir sind frei,
nicht länger wird die Folter uns noch quälen,
es singt ein Volk die große Litanei
und niemand kann die vielen Stimmen zählen.

Sucht den Lebendigen nicht bei den Toten,
denn er will in uns allen erstehn.
Ja es geschehen noch Zeichen und Wunder,
und wer glaubt, kann sie heute schon sehn.

Immer bist du nah

Verheißung

Menschen
die aus der Hoffnung leben
sehen weiter

Menschen
die aus der Liebe leben
sehen tiefer

Menschen
die aus dem Glauben leben
sehen alles
in einem anderen Licht

Wo man andere liebt

Wo man andere liebt,
ist der Ort der Gemeinde,
die sich nach Christus nennt.
Wie er soll sie teilen
ihr Leben und heilen
die Kranken und Krummen
die Blinden und Stummen
sie soll sich erbarmen
der Schwachen und Armen
Wo die Liebe geschieht,
hat das Elend ein Ende,
da wird die Erde neu.

Wo man Unrecht bekämpft,
ist der Ort der Gemeinde,
die sich nach Christus nennt.
  Wie er soll sie sprechen
  für Recht und zerbrechen
  die Herrschaft der Klassen
  die Allmacht der Kassen
  den Dünkel der Rassen
  den Stumpfsinn der Massen
    Wo Gerechtigkeit wird,
    hat das Elend ein Ende,
    da wird die Erde neu.

Wo Versöhnung geschieht,
ist der Ort der Gemeinde,
die sich nach Christus nennt.
  Wie er soll sie künden
  Vergebung der Sünden
  inmitten von Waffen
  soll Frieden sie schaffen
  versöhnen die Feinde
  als seine Gemeinde
    Wo der Friede entsteht,
    hat das Elend ein Ende,
    da wird die Erde neu.

Wenn Jesus heute lebte

Vielleicht triebe er aus einem vom Geld
Besessenen den Teufel aus,
organisierte Hilfe für Leprakranke
oder stoppte die Fließbänder
einer Panzerfabrik …

Vielleicht brächte er die Hörigen dazu,
hellhörig zu sein,
teilte Hoffnung aus an alle Passanten
oder begänne von Freiheit zu singen
in den großen Verwaltungen …

Vielleicht liefe er von Pontius zu Pilatus
für einen Drogensüchtigen,
hungerte unter den Hoffnungslosen von
Kalkutta

oder ließe sich auslachen für seine
Reden von einer anderen Welt …

Vielleicht fütterte er auch nur die
Vögel im Winter,
hörte der ewigen Stimme zu
und öffnete leise dir und mir die Augen …

Segen

Herr, segne uns, lass uns dir dankbar sein
lass uns dich loben, solange wir leben
und mit den Gaben, die du uns gegeben
wollen wir tätig sein

Herr, geh mit uns und lass uns nicht allein
lass uns dein Wort und dein Beispiel bewahren
in der Gemeinde deine Kraft erfahren
Brüder und Schwestern sein

Herr, sende uns, lass uns dein Segen sein
lass uns versuchen, zu helfen, zu heilen
und unser Leben wie das Brot zu teilen
lass uns ein Segen sein

Kleine Schritte im geistlichen Leben

Alltag
Mein Kreuz tut mir weh. Das ist aber auch
das einzig Christliche an diesem grauen Tag.

Guter Rat
Täglich beten, aber wie?
Ganz egal, meint der Pater,
doch keinesfalls nie.
Frag nicht lang: wie oder was,
Hauptsache dass!

Glaubens-Fortbildung
Nach dem ersten Vortrag dacht ich mir dort:
Noch so ein Wort, und mein Glaube ist fort!

Vaterunser
So wie es lautet, konnte allein der göttliche
Sohn es uns lehren. – Hätten wir's formuliert,
das Wort »ich« käme siebenmal darin vor.

Variante
Das Gebet, fällt mir ein, meint
nicht nur Bitten, Empfangen und
Nehmen. – Gebet, dieses Wort
sollte man ruhig auch mal
auf der ersten Silbe betonen.

Stille Zeit

Unter den Menschen
und ihrem Gerede
sehnte ich mich danach,
endlich allein zu sein
mit mir und zu
schweigen.

Nun bin ich endlich
allein mit mir,
und ich schweige.
Und sehne mich
nach den Menschen
und ihrem Gerede.

Die Realität

Eins nur zählt, belehrte uns die Schwester
am Tag der Einkehr und Besinnung, dies
ist unerlässlich für ein innerliches ganz
in Gott vertieftes Leben: Meditation.
Zumindest eine halbe Stunde Stille früh am
Morgen, allein mit Ihm. Am besten auf den
Knien oder im Lotussitz. Bisweilen, verrät
sie uns, streckt sie sich auch mal aus
am Boden. Ganz entspannt, ganz hingegeben
den neuen Tag erwartend im Gebet:
Was willst du, das ich tun soll, Herr?

Klingt gut, denk ich, das leuchtet ein.
Ich wollte gerne so besinnlich sein
wie sie, doch fällt mir dabei mein
Familienleben ein. Ich bin, so sehr ich's
möchte, leider nie so recht allein.
Stehl ich mich morgens aus dem Ehebett
zu einem ganz vertieften Leben auf den Knien,
dann fragt die Frau: was ist denn los
mit dir, ist dir nicht gut! Was treibst
frühmorgens du da unten auf dem Boden?
Und nebenan, wir leben in drei Zimmern,
sind unsre Kinder auch schon lebensfroh
und laut in ihren Betten.
Du lieber Himmel, flehe ich und schrei:
Verdammt noch mal, könnt ihr nicht
endlich etwas leiser sein! Pardon:
Was willst du, das ich tun soll, Herr?

Gebet um Zeit

Als die Zeit erfüllt war, heißt es,
sandte Gott uns seinen Sohn.
Erfüllte Zeit – die meine ist es
nicht, nur einfach angefüllt mit
zahllosen Terminen, mit dem, was man
von mir so jeden Tag erwartet.
Verplant ist die mir zugeteilte Zeit
und dahin, dorthin längst vergeben.
Vergebens scheint so manches, was ich
tu, und was mir wichtig ist, bleibt
ungetan. Soll das mein Leben sein,
bin ich dazu und für sonst nichts
geboren? Erschöpft, so fühl ich mich
und wie am Ende. Doch du, o Ewiger, bist
immer Anfang. Und tausend Jahre sind
bei dir so wie ein Tag. Führ' mich in
deine Weite, Herr, und lass mich freier
atmen. Genügend Zeit zu haben lehre
mich, als hätte ich genug davon und
einfach Zeit und Zeit und nochmals
Zeit und vor mir eine ganze Ewigkeit!

Inkognito

Tatsache ist: die beiden Verliebten
denken bis heute, ein glücklicher Zufall
habe sie abends zusammengeführt
an der Haltestelle. Unvermittelt und
überaus heftig begann es zu regnen.
Und er, Matthias, so wie er da stand,
trug bei sich, noch in der Einkaufstüte,
gerade gekauft, einen Anorak. – Und?
Ohne Schirm, ohne Schutz, es regnete sehr,
sah er das Mädchen im Regen stehn.
Der Anorak, dachte er, könnte ihr nützen.
Er ging auf sie zu, es klopfte sein Herz.
Susanne nahm an und lächelte lieb.

Doch seltsam ist dies: der Wetterbericht
hatte Sonne gemeldet am Morgen und
keinerlei Niederschlag. Für diesen
unvermittelten Regen fand sich beim
Wetteramt, wie man auch rechnete, keine
Erklärung, keine irdische wenigstens.

Seltsame Dinge geschehn auf der Erde,
der Himmel mag wissen, warum und wozu.
Manchmal, wenn's wieder zu regnen beginnt,
schau ich nach oben und denk:
Der im Himmel fügt manches, so oder so,
aber er liebt das Inkognito.

Lebenszeichen

In einer der üblichen
Konferenzen, die irgendeine
mehr oder minder bedeutsame
Institution aus welchen Gründen
auch immer für wichtig erachtet,
und wo sich – alles in allem –
nicht einmal gar nichts bewegt,

kroch mir, wie ich da saß,
ein Marienkäferchen über den Ärmel,
wagte sich dann hinab auf den
Tisch und entschloss sich sogar,
dort ein Papier (eine riesige
Fläche für dieses winzige Wesen)
zu überqueren. Schwarz und rot,
somit selber gepunktet, lief es
hinweg über sämtliche Punkte
der Tagesordnung, ohne denselben
weiter Beachtung zu schenken.

Käferchen, denk ich, liebes
Mariechen, wie schön, dass du
lebst, und ich darf es wohl auch:
leben, mein ich, trotz allem.
Doch schau: jetzt entfaltet's
zur Probe die Flügel und
schon fliegt's davon, dieses
winzige Wunder des Lebens
an diesem ganz gewöhnlichen Tag.

Du hinter uns
hinter allem, was war
Kraft, die hervorbringt
die Leben will
Entfaltung

Du in uns
in allem, was ist
Kraft, die durchdringt
die Reifung will
Verwandlung

Du vor uns
vor allem, was wird
Kraft, die vorantreibt
die Liebe will
Vollendung

Beten
indem man atmet
nachdenkt die Augen
schließt sich verwahrt
sich auftut und schaut
plant organisiert es
gut machen will
die Sache einrenkt
weiterdenkt
Beten im Gehn
auf eigenen Beinen
auf dieser Straße
in und mit dieser Welt
Gebet als Arbeit
die Fantasie und die
schwielige Hoffnung
die Aufmerksamkeit
der innere Ruck
das Telefongespräch
oder am Reißbrett am
Schalter am Schreibtisch
die Feile in der Hand
die Schürze um
Beten im Alltag
in allem und jedem
zu Hause das Glück das
Glas in der Hand
Umarmung im Schweiß
Gebet mit der Haut
mit den Fingern der Zunge
geflüstert gestreichelt
verströmende sich
vergessende Andacht

das Einssein der Puls
die Mitternachtsmette
und der Morgen in Grau
das Augenreibgebet
auf ein Neues mach's gut
und ach Gott und nur so
und doch
einfach Vertrauen

Du sollst dir kein
Bildnis machen von mir
kein Gottesbild aus Geheimnis
und Gold und Gefühl
kein Kultbild kein Kunstbild
kein Bild deiner Wünsche
und Ängste Projektionen nicht
deiner Seele kein Sehnen
kein Oben und Drüben und
Drüber hinaus kein Nochnicht
und Nichtmehr kein Damalsgott
auch nicht das Uhrmacherbild
vom Ordner vom Lenker vom
Einfädler der alles so herrlich
regieret der alles und jedes
und noch etwas kann oder weiß
kein Maß kein Vergleich kein Begriff
kein Wort das festlegt nein
kein Bildnis sollst du
dir machen von mir
der aus Nazareth genügt und
der Geringste seiner Brüder

Mehr noch

Was soll mir, hör ich,
ein Gott, der meine
Wünsche nicht erfüllt
und der nicht reagiert,
wenn ich ihn bitte?

Aber was soll mir, denk ich,
ein Gott, der nichts als
meine Wünsche erfüllt
und der nicht regiert?

Wenn ich ihn bitte,
dann einzig darum
(jetzt nimm mich beim Wort),
dass aufleuchte dein Name
über unserer Welt,
die im Dunkel ist,
und dein heiliger Wille,
nicht meiner, geschehe
in meinem Leben.

Gebet für viele

Behüte, Herr, die ich dir anbefehle,
die mir verbunden sind und mir verwandt.
Erhalte sie gesund an Leib und Seele
und führe sie an deiner guten Hand,

sie alle, die mir ihr Vertrauen schenken
und die mir so viel Gutes schon getan.
In Liebe will ich dankbar an sie denken,
o Herr, nimm dich in Güte ihrer an.

Um manchen Menschen mache ich mir Sorgen
und möcht ihm helfen, doch ich kann es nicht.
Ich wünschte nur, er wär bei dir geborgen
und fände aus dem Dunkel in dein Licht.

Du ließest mir so viele schon begegnen,
so lang ich lebe, seit ich denken kann.
Ich bitte dich, du wollest alle segnen,
sei mir und ihnen immer zugetan.

Wir gehen und hoffen

Dein Wort

Es kommt die Zeit
es geht die Zeit
man stellt die Uhren nach der Zeit
es wechseln die Namen der Stunden
　Doch wenn auch die Zeiten verwehn
　dein Wort bleibt bestehn

Es weht der Wind
es dreht der Wind
man hängt die Fahnen nach dem Wind
es wechseln die Farben der Fahnen
　Doch wenn auch die Fahnen sich drehn
　dein Wort bleibt bestehn

Es steht ein Haus
es stürzt ein Haus
man wohnt nur kurz in seinem Haus
es wechseln so rasch die Adressen
　Doch wenn auch die Dinge vergehn
　dein Wort bleibt bestehn

Ein Leben lang

Betend
also gewohnt
in den Wüsten zu wohnen
Durststrecken zu durchstehen
von jeher
halten wir stand
wir haben den längeren Atem
wir haben die größere Hoffnung

Betend
also mit anderen Augen
sehen wir manchmal ein Zeichen
auf den Zusammenhang weisend
sehen vor Tage
ein wenig schon
wie ein Licht
das verheißene Land

Betend
also denkend das Undenkbare
folgen wir der Spur
halten Schritt mühsam
mit dem der vorangeht
durch Wasser und Wüste
der möglich macht das Unmögliche
der Leben wirkt
aus dem Tod

Eine alte Frau

Sie ging wohl immer, seit sie denken kann
und wie sie es gelernt in Kindertagen,
am Sonntag in die Kirche, um zu beten.

Tauchte den Finger ins geweihte Wasser und
zeichnete ein Kreuz auf Stirn und Herz und
Schultern und dachte dabei nur: O Herr,
ich bin dein eigen!

Und nahm sein Wort ganz tief dann in sich
auf, das sagt: Willst du mein Jünger sein,
dann nimm die Last auf dich, dein Kreuz,
und geh mir nach!

Und nahm das weiße Brot, das ist sein Leib,
dahingegeben für uns alle in den Tod.
Und sie empfing in großer Ehrfurcht kniend
ihren lieben Gast.

Und zeichnete am Ende wiederum das Kreuz
mit schwerer Hand über sich selbst
und ihre Sorgen und nahm ihr Los
als einen Segen wieder an.

So tat sie immer, seit sie denken kann,
und ging, so hat sie es gelernt in all den
Jahren: Nicht ihrer, sondern Seiner Wege.

Ich schäme mich

Was sage ich einem Menschen
der am Ende ist?
Was sage ich ihm
unter vier Augen in seine Sorgen
am Grab der Liebe in sein Alleinsein
am Krankenbett in seine Schmerzen
im Todeskampf in seine Angst?
Sage ich auch:
Kann man nichts machen
es erwischt jeden einmal
nur nicht den Mut verlieren
nimm's nicht so schwer
vielleicht ist's morgen schon besser
sage ich das?
Sage ich nichts als das?
Ich sollte doch kennen
den einen und einzigen Namen
der uns gegeben ist unter dem Himmel.
Ich kenne ihn auch und doch
schweige ich.
Ich schäme mich.

Am Sterbebett

Alle Gottesbeweise habe ich studiert
und darüber Prüfungen abgelegt
insbesondere Theodizee, die unaufhörliche Frage
der Jahrhunderte von Hiob bis Dostojewski
und Camus nach dem Leid in der Welt und
die eher kümmerlichen als bekümmerten
Antworten darauf. Ein ganzes Fach in
meinem Bücherschrank über den Tod und
die allerletzten Dinge und was man
am Krankenbett sagt und wie man
den Sterbenden beisteht.
Nun sitze ich stumm und hilflos
am Bett der alten Frau, mit der es zu Ende geht.
Ich halte ihre Hand und zeichne langsam
das Kreuz auf die schweißnasse Stirn.

Eines Tages

Eines Tages
wenn die Kleinen im Kindergarten
vom bunten Regenbogen singen
wenn die blonde Verkäuferin im Kaufhof
die T-Shirts sortiert
wenn die Sitzung der Handwerkskammer
beginnt
wenn die Waschmaschinen laufen
wenn Zeitung gelesen und telefoniert und
Bier getrunken wird
wenn man Rechnungen schreibt und
liebt und schläft
wenn es auf der Autobahn nach Köln
zu keinen ernsthaften Behinderungen kommt
Wenn alles ganz wie immer ist
werde ich mich noch einmal aufbäumen
und sterben

Eines Tages werde ich mich aufbäumen
und sterben
und die Kinder im Kindergarten
werden vom Regenbogen singen
und die blonde Verkäuferin im Kaufhof
wird die T-Shirts sortieren
und die Sitzung der Handwerkskammer
wird beginnen
und die Waschmaschinen werden laufen
und es wird Zeitung gelesen und telefoniert und
Bier getrunken
und man wird Rechnungen schreiben und
lieben und schlafen

und auf der Autobahn nach Köln wird es
zu keinen ernsthaften Behinderungen kommen
und alles wird wie immer sein
wenn ich gestorben bin
eines Tages

Hoffnung

Nein
ich bin meiner Sache nicht sicher
was das Ende betrifft
das Sterben das Grab das Vergehn
und den unaufhaltsamen Tod
der mich aufzehren wird
und austilgt für immer
daran ist kein Zweifel

Und doch bin ich manchmal nicht sicher
und zweifle am Augenschein
und denke nach
ob nicht doch etwas bleibt
von dem was ich war ob nicht doch
im grauen Geröll in dem Staub
in dem Tod eine Spur sich
unvergessen erhält
ob nicht doch einer ist
der mich ruft mit Namen vielleicht
der mir sagt dass ich bin
dass ich sein soll für immer
und leben werde mit ihm

Nein
ich bin meiner Sache nicht sicher
was das Ende betrifft und den Tod
gegen den Augenschein
hoff ich auf Ihn

Totenklage

Es führt kein Weg zu den Toten
und es ist kein Trost, der mich hält
ich seh keine Hand vor den Augen
und ich weiß keinen Schritt, der noch zählt

Es führt kein Weg zu den Toten
nur der eine: immer hinab
Erinnern ist nah am Vergessen
und ein Grab ist ein Grab ist ein Grab

Es führt kein Weg zu den Toten
doch im Sterben werd ich ihn gehn
ein Blinder im Niemals und Immer
doch es heißt, dass die Blinden dann sehn

Requiem für A. S.

Der die Hände
nicht falten wollte
all die Jahre
nun liegt er da
die Hände gefaltet.

Wer tat sie zuletzt
ihm zusammen?
Wer zauberte das
Lächeln auf sein Gesicht?
Wer wandelte es
in Wachs und formte daraus
die Stille des Schlafes?

So liegt er
die Hände gefaltet
bis er zerfällt
und Erde wird
bis er zurückkehrt
als Staub zu Staub
als Asche zu Asche
und heimkehrt vielleicht
als Sohn.

Sonett im Alter

So hatte ich das früher nicht bedacht,
dass ich einmal nur diese Wand noch sehe
und mühsam aufgestützt zum Fenster gehe
und mir der Atem knapp wird in der Nacht,

die sich dahinzieht und nicht enden will.
So lieg ich wach und kann die Stunden zählen.
Wie lange noch, mein Gott, muss ich mich quälen?
Nicht lange mehr, dann wird es um mich still.

Ja, es wird Zeit für mich, so lass mich gehn
mit einem Blick am Ende noch zurück
auf das, was ich mein Leben nennen kann.

Es kommt mir vor jetzt wie ein großes Glück,
und selbst die dunklen Stunden nehm ich an,
als dürfte ich als Segen sie verstehn.

Was fragst du?

Ob wir wohl später einfach vergehn
tief in der Erde, die nichts von uns
weiß, zu Asche geworden und Staub zu Staub,
vergessen fortan, keiner Erinnerung wert?

Wozu auch? Sind wir nicht Ameisen gleich,
die an entlegener Stelle des Weltalls
emsig, als sei's von Bedeutung, sich regen,
ehe ein Fuß sie achtlos zertritt?

Was fragst du, bist du denn mehr als ein
Sandkorn, du Mensch, in dieser endlosen
Wüste, in der ein Wind deine Spuren
verweht, als seist du niemals gewesen?

Werden wir fortbestehn, fragst du noch
immer und sei's nur als Sandkorn, als
winziger Tropfen in einem riesigen Meer,
das uns aufnimmt, ohne unser zu achten?

Oder – könnte das wahr sein? – dass wir
von jeher geliebt sind, mit Namen gerufen
und werden dann heimfinden endlich wie
Kinder, heim in die Arme des Vaters?

In hora mortis nostrae

Ach, könnte ich
so an den Tod denken
und ans Sterben,
als ginge ich, wenn es
Zeit ist, unendlich müde
nur in ein anderes Zimmer
hinüber, gleich nebenan,

legte mich nieder dort,
streckte mich aus
im Einvernehmen mit allem
und schlösse die Augen,
wie um zu träumen.

Als ruhte ich lange,
sehr lange im Dunkel,
bis eine Stimme mich,
eine taghelle Stimme
mich riefe: steh auf!

Aber zu viele schon
sah ich anders enden
in hora mortis nostrae.
Ich hörte sie stöhnen
und röcheln, es roch nach
Schweiß und nach Kot,
nach bitterem Tod.

Ach, was wissen wir schon …?

Lied von Tod und Leben

Wir sind mitten im Leben
zum Sterben bestimmt
was da steht, das wird fallen
der Herr gibt und nimmt

Wir gehören für immer
dem Herrn, der uns liebt
was soll uns auch geschehen
er nimmt und er gibt

Wir sind mitten im Sterben
zum Leben bestimmt
was da fällt, soll erstehen
er gibt, wenn er nimmt

Lied zur Beerdigung

Weder Tod noch Leben trennen uns von Gottes Liebe,
die in Jesus Christus ist

Wenn ich gestorben bin
und verloren
wird man mich senken
in deine Erde

Wenn ich verloren bin
und verlassen
wirst du mich halten
in deinen Händen

Weder Tod noch Leben trennen uns von Gottes Liebe,
die in Jesus Christus ist

Wenn ich verlassen bin
und vergessen
wirst du mich nennen
bei meinem Namen

Wenn ich vergessen bin
und vergangen
wirst du mich bergen
in deiner Treue

Weder Tod noch Leben trennen uns von Gottes Liebe,
die in Jesus Christus ist

Verwandlung

Gestern
die Verwandlung
des Wassers in Wein

Heute
die Verwandlung
des Weines in das Blut des Herrn

Morgen
die Verwandlung
meines Sterbens in sein Auferstehn

Hab keine Angst

Hab keine Angst, denn ich erlöse dich.
Ich rufe dich beim Namen, du bist mein.

Für diese Welt ist ein Leben zu Ende,
für den, der glaubt, hat ein Leben begonnen.
Jetzt weinen wir, da wir ihn nicht mehr haben,
der unser war und den wir nicht mehr sehen.

Wir suchen ihn bei dem Schöpfer des Lebens,
denn er hat uns diesen Menschen gegeben.
Er gab ihn uns und er hat ihn genommen,
wir danken Gott, dass er unser gewesen.

Auch wer da stirbt, bleibt in unserer Mitte,
er geht voraus, und wir werden ihm folgen.
So sterben wir, um verwandelt zu werden
und unser Gott wird uns rufen zum Leben.

Hab keine Angst, denn ich erlöse dich.
Ich rufe dich beim Namen, mein bist du.

Kann das sein?

Kann das denn sein, Herr,
dass du uns hoffen lässt, auf dich,
dein Leben und die Unsterblichkeit
über den Tod hinaus, den wir fürchten,
und lässt diese Hoffnung
ins Leere gehn?

Kann das sein, dass du
deine Hände nicht rührst
und lässt die Toten, die doch auf dich
ihr Vertrauen setzten und in
deine Hände sich gaben,
versinken ins Nichts?

Und dass du nicht eingedenk bist
derer, die deinen Namen anriefen
und lebten nach deinen Weisungen;
und es war ihnen deine Liebe
wichtiger noch als ihr eigenes Leben?

Kann das sein, o getreuer Gott,
dass du schweigend vergehen lässt,
als bedeute es nichts,
was du ins Dasein gerufen, was du
dir unwiderruflich erworben,
was du geliebt hast?

Am Ende die Rechnung

Einmal wird uns gewiss
die Rechnung präsentiert
für den Sonnenschein
und das Rauschen der Blätter,
die sanften Maiglöckchen
und die dunklen Tannen,
für den Schnee und den Wind,
den Vogelflug und das Gras
und die Schmetterlinge,
für die Luft, die wir
geatmet haben, und den
Blick auf die Sterne
und für alle die Tage,
die Abende und die Nächte.

Einmal wird es Zeit,
dass wir aufbrechen und
bezahlen;
bitte die Rechnung.
Doch wir haben sie
ohne den Wirt gemacht:
Ich habe euch eingeladen,
sagt der und lacht,
so weit die Erde reicht:
Es war mir ein Vergnügen!

Der andere Himmel

Mit Wasserfarben
hab ich als Kind
den Himmel gemalt,
hell und heiter mit
weißen Wolken darin
und Vogelschwingen.

Mühsamer
füge ich ihn zusammen
heute
aus Trauer und Trost
nachtdunkelblau,
mit goldenen Sternen,
ein Mosaik aus Ravenna.

Wie ein Traum wird es sein
wenn der Herr uns befreit
zu uns selbst und zum Glück
seiner kommenden Welt

Der Blinde blinzelt in die Sonne
dem Tauben verrätst du ein Wort und er nickt
wer stumm gewesen spricht die Wahrheit
der lahme Mann schiebt seinen Rollstuhl nach Haus

Geduckte heben ihre Köpfe
Enttäuschte entdecken: Die Welt ist so bunt
Verplante machen selber Pläne
die Schwarzseher sagen: Es ist alles gut

Die Alleswisser haben Fragen
der Analphabet liest die Zeichen der Zeit
wer nichts besitzt spendiert für alle
die Herrschenden machen sich nützlich im Haus

Wie ein Traum wird es sein
wenn der Herr uns befreit
zu uns selbst und zum Glück
seiner kommenden Welt

Spät am Abend

Es ist nun still geworden hier im Haus.
Der bunte Tag, der so viel Lärm gebracht,
verging. In dunklem Kleide kommt die Nacht
herbei und löscht die letzten Lichter aus

ringsum. Sie geht auf Zehenspitzen sacht
durch alle Räume bis hierher zu mir
und sieht gebeugt mich über ein Papier.
Hast du dir endlich einen Reim gemacht,

fragt sie, auf Gott und Welt? Ich zeige ihr,
was ich geschrieben; viel sei noch zu tun,
bevor ich wagen könnte, auszuruhn.
Geh schlafen, lächelt sie, ich schenke dir

im Schlummer, was du suchst. So lasse nun
getrost, was du am Tage nicht vollbracht.
Es kommt ein Traum zu dir in dieser Nacht
mit Silberflügeln und auf Sternenschuhn.

Inhalt